みんなの学校安全

いのちを大事にする社会へ

喜多明人／浅見洋子

編著

読者のみなさんへ

　この本は、子どもたちが安全に安心して学校生活が送れるよう願い編纂したものです。今日、不幸にしてわが子を学校事故で失った保護者、学校事故について関心を持つ学校の教職員、学校事故に責任を負う教育委員会、さらには子ども自身が参加して、手を携えて"みんなで学校の安全を創りだしていこう"という方向性が日本社会に求められていると考えます。このような趣旨から、2013年6月に『学校安全全国ネットワーク』(略称：学校安全ネット、巻末資料参照)が設立されました。本書は、学校安全ネットの基本姿勢を示す最初の書物であり、この方向を社会に問う学校安全の普及書です。

　私どもは、これまで学校事故・災害の被害者家族・遺族を支えること、再発防止をどうすれば実現できるか、日々取り組みを進めてきました。私どもの組織は、学校災害の直接の被害当事者だけではなく、弁護士・医師・研究者・教育関係者・カウンセラーら幅広い構成で、被害者でない市民も共感できる立場に立って、取り組みを進めることが大切であると自覚して、活動してきました。

　今日、学校災害は、学校の教育活動にともなうさまざまな事故のほか、いじめや体罰その他の暴力の問題、震災・津波災害や登下校中の「不審者」問題・誘拐殺傷、交通事故、給食アレルギー事故、O157・食中毒など課題は多岐わたっています。その数は少子化にもかかわらず200万件(学校災害共済給付件数、継続給付件数を含む。2014年度は210万件)の大台を割ることなく増加・横ばい状態が続いており、2014年度の死亡事故83件(供花料32件を含む、過去10年間死亡見舞金は50～120件で推移)、障がい事故409件(2014年度、過去10年間400~600件で推移)と、年間の学校重大事故が約500件余り発生しています。

　このように多発する事故の防止と被害者救済について、学校関係者が一丸となって取り組める環境をつくりだしていくことが求められています。学校事故・災害の被害者家族・遺族と学校・教育委員会の連携を困難にしてきた壁ともいえる学校災害の事後対応に関して、昨今ようやく光が当たり、従来のような被

害者が孤立する事態、事故の隠蔽などに代表される二次被害に遭う環境が少しずつですが改善の方向が見られるように思われます。

　私どもは、被害者の思いを真摯に受け止め、これを基本に据えて、学校関係者にどのような取り組みが求められているか、教育、福祉、医療の現場から総合的検討を開始していきたいと思っています。本書はその現場出発点に当たります。

　本書が脱稿する直前の2016年3月31日にそのような問題意識に対応するかのように、文科省が、2年間にわたる学校事故の事故対応に関する有識者会議の議論をふまえて、「学校事故対応に関する指針」（全文巻末掲載）を公表しました。

　この指針は、被害者家族・遺族と学校・教育委員会との関係改善につながるだけでなく、学校事故・災害の問題に関心を持っていても、近寄る糸口を持たなかった一般の保護者や市民の協力と参加の手引きになるものと確信します。

　本書では、第一に、学校事故・災害の被害者家族・遺族をはじめとして、教育の当事者の方々から、「みんなの学校安全」に向けて取り組まれてきた実践的な成果や、最前線の現場実践の様子を語っていただきました。第二には、こうした学校安全の諸実践を支えるべき仕組み、制度の現状と問題点を、とくに裁判対策、「責任追及型の学校安全」の現状をふまえて、学校安全のあり方、とりわけ、今後の制度改善の方向性について明らかにし、合わせて基本的資料を掲載しました。

　学校安全に関心をもつ市民、保護者、教育界、法曹界の方々、学生、生徒の方々に広く活用いただくことを願っております。

2016年6月

編者

目　次

読者のみなさんへ ………………………………………………… 2

第1部　みんなの学校安全
―子どものいのちと人権を守るために

わが子をなくした保護者から▼
被災家族・遺族と教職員が共に手を携えて ……………… 成田幸子　8

スクールソーシャルワーカーから▼
学校安全とスクールソーシャルワーカーの仕事 ………… 竹村睦子　18

養護教諭から▼
学校安全を保健室から支える …………………………… 鈴木裕子　32

スクールカウンセラーから▼
学校安全とスクールカウンセラーの仕事 ……………… 久山みちる　44

学校事務職員から▼
学校安全を事務室から支える …………………………… 小舘映子　56

学校医から▼
内科校医からみた学校安全 ……………………………… 川上一恵　66

学校長から▼
開かれた学校づくりと学校安全 ………………………… 佐藤剛彦　82

目次

第2部　学校安全を支える制度と今後の展望

学校安全と教育委員会の役割
　―体罰、いじめ等と教育委員の活動 ……………………………… 櫻井光政　96

子どもの主体性尊重と学校の防災
　―東日本大震災に学ぶ「学校安全」の視点 ……………………… 堀井雅道　106

子どもの最善の利益と"みんなの学校安全"法制
　―文科省指針を活かす ……………………………………………… 喜多明人　120

あとがき ……………………………………………………………………… 172

■基本資料１

1-A
文部科学省『学校事故対応に関する指針』全文（附属資料・略）
（2016年3月31日） ………………………………………………………… 138

1-B
文部科学省『「学校事故対応に関する指針」の公表について（通知）』
（2016年3月31日） ………………………………………………………… 159

■基本資料２

学校安全全国ネットワーク意見書
『学校の重大事故の事後対応のあり方、
とくに第三者調査委員会の設置について』
(文部科学省「学校事故対応に関する調査・研究」有識者会議 2015 年 11 月 9 日提出)
.... 163

■基本資料３

学校安全全国ネットワークでどんな団体？ .... 浅見洋子　170

「学校安全全国ネットワーク」規約 170

編著者・執筆者紹介● 175

第1部
みんなの学校安全
―子どものいのちと人権を守るために

わが子をなくした保護者から▼
被災家族・遺族と教職員が共に手を携えて

成田幸子
NARITA Sachiko

1　わが子の熱中症・柔道事故死に向き合う

　1994年8月10日、わが子、次男の成田直行（高校2年）は、福島県立会津高校柔道部の夏季合宿中に熱中症で倒れ、翌11日に死亡しました。

　事故があった年は記録的な猛暑であったにもかかわらず、柔道部顧問が、旧態依然の、水を飲ませない指導をしていたため、部長であった息子は熱中症で倒れ、亡くなりました。

　息子の事件では、伝統的に合宿にOBが来るという学校でした。同じ顧問のもとで指導を受けてきたOBですから、練習のやり方などについてなんら疑問を持っていなかったのです。

　過去にOBも合宿中に脱水で入院するということがありましたが、顧問も、入院したOB本人もそのことを問題ととらえておらず、非科学的な指導が改善されないままでした。

　学校の部活動ですから、本来は高校生自身の自主的な活動を尊重するべきだ

と思いますが、当時は、先生や先輩の命令がすべての上下関係のもとに部活動が行われておりました。

2　裁判を決意

　私たちが提訴に至ったいきさつや理由はいろいろありますが、主な理由は次のようなことです。
- ●県教委が調査もせずに『合宿に問題はなかった』とNHKを通して発表したこと。
- ●私が、猛暑のことや水分補給の問題、社会人OB参加の問題など、事故につながる合宿の問題点を指摘して、学校は事故原因を明らかにし、再発防止対策をとるよう校長に求めたことに対して、校長から納得できる回答が得られなかったこと。
- ●学校は、生徒や保護者には「腎臓の病気で亡くなった」と説明したこと。
- ●事故報告書の記載は、主に事故が発生してからのことで、顧問教諭や生徒に聞いたことを教頭が書いただけで、きちんとした原因調査が行われていないこと。また、県教委の指導を受けて作成していること。
- ●息子の事故の後、副部長の生徒も熱中症で入院していること。

　このようなことでは事故の原因があいまいにされ、再発防止にはつながらないと考えて裁判を決意しました。

　ただし、裁判をするということが損害賠償請求をすることだというのは、弁護士から訴状を見せてもらうまで全く思いもしませんでした。わたしたちはただ、原因を明らかにして再発防止に努めてほしいという思いで裁判を決意したのです。私たちと同じような苦しみを他の人にさせたくないという思いでした。

　教師の過失を問う裁判ではありますが、教師を被告にするわけではありません。過失は過失として認めてほしいという気持ちでした。誤った指導が繰り返されているということについては、教育行政や学校の責任、体質的な問題があると考えていました。

3　教職員を中心として裁判支援が始まる

【子どもの命と人権を守る教育として】
　私たちの裁判は、水を飲ませない指導など、熱中症に無知な顧問教師の過失責任を問うものでしたが、会津民主教育研究所の教職員を中心にして、支援する会が結成されました。会員は教職員、保護者、学生など当初70名程でしたが、200名程まで広がりました。

　支援する会の中心となった会津民主教育研究所は、子どもたちの人権を大切にする学校の実現を目指して研修や教育実践研究を行い、地域の保護者とともに「教育を考える集い」を毎年開催するなどの活動をしていました。そのメンバーが子どもの命と人権を守る教育運動の延長線上に私どもの裁判支援を位置付けて「支援する会」を結成し、多くの人に呼びかけてくれたのです。

　支援する会は、裁判支援の意義について、このように言っています。

>　「この裁判の意義は、第一に学校こそ子どもの命と人権を大切にしなければならない場であることを問いかけ、学校の中に子ども最優先の原則を実現させていくうえで大きな意義を持つ。
>　第二に非科学的で根性主義が支配する古い部活の体質を子どもの権利条約の立場から見直し、根本から検討すべきであることを問いかけている。
>　第三に教育行政の在り方を問い、教育行政の転換を求めている。
>　裁判支援は、教育行政が本来果たすべき役割を果たさないために裁判で真実を明らかににしなければならないという不正常な教育行政を根本的に改め、何よりも命を大切にする教育行政への転換を求めていく運動である」

と。

【教師が支援する困難な中で、
専門的な安全責任を追求―『部活の中に命と人権を』の刊行】

　しかし、教職員が学校事故裁判を支援するということは大変なことでした。それまで親しかった同僚が離れていったと聞きました。会津高校の同窓会で、私たちを支援する教師に対して、「母校の名誉を傷つけている裁判をなぜ支援するのだ」と。先生方、会員はそういう思いをしながらも裁判傍聴や署名集めなど一生懸命にやってくれました。

　その支援のお陰で、1997年1月福島地裁会津若松支部で私どもの主張が認められて勝訴しました。県が控訴しましたが、仙台高裁で裁判長の職権による和解勧告で和解合意しました。

　その間、会津民研は、部活改善の学習会を重ね、「部活動を語り合う県民シンポジウム」を行い、『部活の中に命と人権を』という部活動・スポーツ指導の改善提言の冊子を刊行しました。その中で、ある教師は、20年にわたる教師生活の中で、部活動の指導における冊子で指摘された「誤った指導法」や「危険な指導法」について、校内でも、教育委員会の研修会でも、一度も聞いたことがないと述べています。また、ある専門家からは、学校管理下での熱中症死亡事故が1975年から1990年の16年間に90件起きていること、年平均6人の死が繰り返されており、発症数は死亡数の70倍以上にもなると述べています。ですから、痛ましい事故が学校管理者、部活顧問、行政当局に受け止められ、防止策がとられてきたのか疑問が残ります。その点で成田部活訴訟は大きな意義を持っていると述べ、以下のとおり、教育学者スホムスリンスキーの言葉を紹介しています。

「スポーツを全児童の体育の手段から個人的成功を目指す闘いの手段に変えてはならない。
　スポーツの課題ができる子とできない子に分けてはならない。
　学校の偽りの名誉のために騒がしく争って、不健康な欲望を燃え立たせてはならない。」

4　多発する学校災害
　　―子どもの命と人権を守る福島の会が動く

　私たちの裁判の終了に伴って支援する会を閉じましたが、その精神を継承して「子どもの命と人権を守る福島の会」を結成し、引き続き部活動の改善や事故防止のための活動を行っていくことになりました。

　私どものよき理解者である大塵英夫氏を会長に、夫、成田征一が事務局長として活動を進めるようになって、月1回事務局会をもち、情報の発信、研修会、県教委との協議会、被災者支援などの活動を進めてきました。

　当時、福島県内では死亡事故や重大な後遺症が残る事故が相次いでいました。1996年には会津で、同じ日に2件のプール飛び込みによる頸椎損傷事故が起きました。一件はわが子の通っていた会津高校で、もう一件は町立小学校での事故で、共に重度障害が残りました。

　1997年には県立保原高校柔道部の1年生が高体連の試合中に背負い投げで投げられ、頭部打撲で死亡しました。死亡した生徒は4月に柔道を始めたばかりで、まだ受け身も十分に取れないのに、わずか一か月後の5月18日に試合に出て事故に遭いました。

　2002年に、また同じ日に2件の死亡事故が起きました。高校の水泳授業中溺死する事故と、中学校のバスケットボール部の生徒が部活の延長のスポーツ少年団の活動中に衝突し死亡するという事故です。この中学校もわが子の母校でした。

　どちらの事故もAEDがあれば助かった可能性のある事故でした。

　水泳授業中の事故は、事故が起きる3か月ほど前に、大阪教育大付属池田高校の潜水事故の教訓から「水泳中の無理な息こらえは危険だからやらないように」という文科省通知が各学校に入っていましたが、その高校では潜水テストをしていて事故が起こったのです。ご両親から相談を受け、会として支援をしてきました。その水泳事故裁判は福島地裁白河支部で和解が成立し、ご両親は和解金で居住する村内の小学校3校に高性能のAEDを寄贈されました。

他にも、いじめ自殺、体罰、セクハラ、猪苗代中学校スキー部員のオーストリアケーブルカー火災事故など本当に多くの事故が相次いで起きました。

学習や部活動に励んでいた健康な子どもが、こんなに次々と事故で死亡したり、重度障害者になってしまったりすることに胸が締め付けられるようでした。個別の事故として見るのでなく、学校教育、部活動の在り方に問題があるととらえ、なんとかして歯止めを掛けなければと思いました。

そのために、とにかく学校現場に過去の事故の教訓を伝え、同じような事故が繰り返されることがないようにしなければならないということで、情報を発信しました。現場の教職員が子どもたちの指導に生かせるように、多様な事故事例や判例を示して事故原因や予知・予防・防止の手立てを通信やニュースを発行して知らせることに力を入れました。

また、私たちが多くの人の支援により力づけられ、全国の被災者同士のつながりに支えられた経験から、被災者支援、裁判支援活動を大切にしてきました。会員の教職員も協力を惜しみませんでした。

5　県教委と合同の「学校安全・事故防止協議会」の開催

2008年1月に、県立石川高校水泳事故裁判の和解が成立したことがきっかけとなり、これまで「福島の会」として進めてきた学校安全への思いを行政との関係で現実化していく道が開けました。和解成立を機会として、事件を担当した原田敬三弁護士から県教委の担当者に「このような事故を繰り返さないために、学災連が文科省と話し合いをしているように、福島県教委も『子どもの命と人権を守る福島の会』と話し合いをしたらどうか」と口添えしてくださり、2008年から福島県教委との「学校安全・事故防止協議会」が行われるようになりました。

私たちの裁判は一審全面勝訴のうえでの二審で即座に裁判官の職権による和解勧告となりました。石川高校のプール事故裁判も和解です。和解に合意するという形をとったことで県教委のメンツが保たれたことが大きいと思いま

す。その当時は、謝罪という行為はほとんどありませんでした。プール事故裁判では、いったんは拒否されたのですが、県教委の高校教育課部長をはじめとした要職3名が焼香に行くという形をとって遺族のもとへ伺って、実質的な謝罪を行うことができました。県教委もある程度自分たちのメンツが保てたということがあったと思います。当時の参事（元教員）が理解のある良い方だったということもあります。福島県ではあまりにも事故が続いて、それが報道されたりしていましたので、それをなんとかしたいという思いが県教委側にあったのであろうと思います。

【協議会における事後対応の取り組み】

　協議会の話し合いは、交渉ではなく、私たちの会は子どもたちの安全・事故防止を願う一市民団体として、県教委と共通の目的のもとで話し合うという姿勢で臨み、要望も伝えてきました。

　県立石川高校水泳事故の反省から事後対応の問題、再発防止策の周知徹底などについて話し合い、その後、年度初めの職員会で校長が「緊急時には先生方の判断で救急車を呼んでください」と話すというように、校長の判断を待たずに速やかに救急要請ができるようになりました。そして、実際に事故が起きた時、現場の教員の判断で救急要請をし、大事には至りませんでした。

　また、いち早く全校にAEDが設置されるとか、適時に事故防止の通知・資料が入るなど一定の改善、成果が見られたと思います。

　私たちは、管理職や体育担当者だけを対象にした県の安全研修会だけでは不十分なので、各学校内で、全職員で安全研修をすることが必要だと言ってきました。例えば、熱中症についていえば、毎日のようにTVで注意情報が出され、新聞に特集記事が出るようになったのですが、実際には、徳島県立阿波西高校野球部熱中症事故や兵庫県立龍野高校テニス部熱中症事故のように、熱中症についての知識がなくて部活指導をしている教師がまだいるのです。情報はたくさんあるのに、その教師に届いていない。いまだに"無知と無理"で事故を起こす部活顧問がいるのです。

学校は子どもも教職員も毎年変わるので、事故が風化すること、教訓が形骸化することを防ぐには安全研修が大切です。校内で、教職員が研修し、事故防止について話し合い、共通理解のもとで組織として取り組む体制をつくることが必要なのです。

　しかし、事故のあった徳島県の県教委が、判決を受けて、スポーツ指導を行う全教員を対象に研修会を行うようにしたら出席者が少なかった。理由は忙しいから、と。学校現場は子どもの安全について研修をする時間もないような実態があります。その「教職員の多忙化」を解消しなければなりません。多忙化に拍車をかけている部活動、学力競争、様々な事務雑務などの改善があげられますが、何よりも人的条件整備が求められます。

　福島県では、教員の震災加配があり、またスクールソーシャルワーカー、スクールカウンセラーも加配されています。そういうことはありがたいけれども、それに伴う受け入れ態勢や教職員との連携の問題があります。産休や病休の教員補充がされていない被災地の学校もあります。

　子どもたちは、震災以降、ストレス、避難、転校などによる精神的な症状や運動不足、引きこもりなどによる無気力感など数字に表れない問題もあるので、きめ細かな対応が引き続き求められます。非常勤や期限付き講師を正式採用して、やはり、常に子どもに向き合える正規の教員を増員することを保護者は望んでいます。そのような学校の実態について県教委と話し合いを続けています。

【協議会の成果】

　2008年から県教委との協議会を始めましたが、県内の大きな事故は2009年から減少しています。

　2014年度のスポーツ振興センターの事故統計を見ると、福島県のセンター加入者は261,983人、事故発生件数は9,744件、発生率は3.72%です。全国平均は7%台なので、比較すると福島県は少ないです。いじめや暴力も少ないです。

　しかし、その少なくなった事故の中に見過ごせないものがあります。過去の教訓が生かされずに転落事故が起きました。命はとりとめましたが後遺症が残

りました。

また、昨年、いじめ自殺事故が起きてしまいました。本当に残念で悔やまれます。

おわりに──いのちが大切にされる学校、社会へ

　坂下町営プール事故は、6歳の幼児が、大きなプールの中に幼児用としてコース途中まで敷かれた台から落ちて溺死しました。町当局者との話し合いを重ねて、町は施設設備の瑕疵を認めて和解し、毎年命日にはプールを休業して研修の日とし、プール敷地内にご遺族が設置されたモニュメントに再発防止を誓っています。
　石川高校のプール事故は、過去の潜水事故の教訓が生かされずに起きた事故でした。救急車要請も速やかにできませんでした。
　須賀川一中の柔道事故は、初心者の女子生徒が部長に暴力的に投げられて重度障害が残ってしまいました。勝訴はしても今も意識も戻らず両親の全介護を受けています。
　ラサール幼稚園事故は、1歳女児がうつぶせ寝にされ、四つ折り毛布がかぶせられ、その上に大きな枕状の重しをのせられ窒息死しました。地裁で勝訴、高裁でも保育園に勝訴、保育士とは和解しました。

　子どもたちはみんなおとなを信じていました。一生懸命生きていました。
　これらの事故は不可抗力だったのでしょうか？
　過去に同じような事故はなかったでしょうか？
　そんなことはありません。
　おとなたちが子どもを守れなかったのです。
　その理不尽さに対して、そして、その後の学校や保育所や行政の不誠実な対応に対して、両親や家族は闘いました。
　子どもたちの命、奪われた機能、人生は取り戻せません。

しかし、これらの判例や和解条項はその後の事故防止に間違いなく役立っていると信じます。
　子どもの犠牲がせめて教訓として生かされること、それが被災者にとっての唯一の救いとなります。事故が風化しないように、教訓が形骸化しないように、伝えていくことが私たちの仕事です。
　最近は被害者の会やNPOの団体などがいくつもできて活動しています。それぞれの会の特徴や性格があります。被災者も自分に合った場所を見つけ、支えあうようになりました。それらの会が、学校安全という目的でつながり、お互いの活動や考え方を尊重しながら協力し合っていかなければならないと私は思います。
　「子どもの命と人権を守る福島の会」は私たち夫婦の思いを大切にしてくれ、私たちもその思いに応えるべく努力してきました。事故が起こってからの解決は難しい。だから、過去の教訓を生かし、研修し、再発防止に努めてほしい。子どもたちを預かる者は何よりもいのちを大切にすることを忘れないでほしいと願って続けてきた活動でした。
　私たち夫婦は、これからも学災相談や被災者支援を続けていくつもりですが、一日も早く相談も支援も必要のない、何よりもいのちが大切にされる学校・社会になってほしいと思います。

スクールソーシャルワーカーから▼
学校安全と
スクールソーシャルワーカーの仕事

竹村睦子
TAKEMURA Mutsuko

1 スクールソーシャルワーカーになる

＜山下英三郎先生との出会い＞

　私がスクールソーシャルワーカー（以下、SSWと略す）という仕事と出会ったのは、山下英三郎先生（社会事業大学名誉教授）が所沢でＳＳＷとして実践されていた時代に、朝日カルチャーセンターで1年間のＳＳＷ講座を開講されたときであり、この講座を1年間かけて学んだのがきっかけでした。1998年当時、まだＳＳＷは知られておらず、ＳＳＷ協会ができる直前の時期でした。この協会は、これからSSWを広げていこうという目的で結成されたもので、その時点ではＳＳＷになったからといって仕事があるわけではありませんでした。

＜2007年にSSWになる＞

　私は、コミュニティワーカーとして世田谷区で働き始めました。ソーシャルワーカーになるために、柏市から世田谷区に引っ越しました。その後、2007年に東

京シューレ葛飾中学校の開校に合わせて、ＳＳＷとして働き始めました。その年、杉並区から福祉職の相談員として依頼が来ました。社会福祉士として、福祉の視点から緊急対応のプロジェクトに入ってほしいという依頼で私のＳＳＷ生活が始まりました。その活動の中で、福祉の視点で子どもをとらえるというところがよいと思っていただいたのか、いろいろなきっかけを得て、杉並でＳＳＷの事業を立ち上げることになり、その年の11月、私はＳＳＷ第1号になりました。

翌2008年、活用事業が始まり、今に至っています。いろいろなＳＳＷが誕生しました。ＳＳＷが配置されるというニュースは、寝耳に水でした。

私は、これまで、ＰＴＡの会長、保護司、ボランティアなど、あるいは教育委員会の中で、ありとあらゆる人とかかわってＳＳＷをしてきました。その経験に基づいて、SSWの仕事について基本的なことを述べていきます。

＜SSWの2つの設置プロセス＞

ＳＳＷにはその設置のプロセスが二通りあります。一つは、前年度から予算を立てて意欲的に始める場合であり、二つは、ある事業を行う過程でＳＳＷを入れたほうがよいのではないかと判断し、突然ＳＳＷを自治体に導入する場合です。最近の仕事としては後者で、「いじめ対応」の事業を進める中で、行政からSSW配置のご相談を受けてかかわることが多いです。

2　子どもが直面する困難に向き合う

今、子どもが直面している困難は、いろいろあります。問題が一つだけという状況は少なく、さまざまな複数の問題が絡みあって、二重三重に子どもの自由で安全で安定した暮らしを奪っている状況にあります。主に大きな問題は3つあると思います。

一つは、いじめ、不登校、ひきこもりなど子どもが直面している問題です。

二つは、子ども虐待、離婚など保護者の家庭養育上の問題です。

三つは、子どもの貧困格差など社会的な問題です。

1）いじめ・不登校・ひきこもり

＜いじめ＞

　いじめを受けて不登校になり、その後その子どもたちが進学した先に卒業ができずに中退をして、再び引きこもってしまうという、一連の流れがあります。また、いじめはとらえ方が難しい問題です。いじめに関して学校はきちんと調査をしていますが、いじめた側の子ども・保護者といじめられた側の子ども・保護者の認識が一致することはほとんどありません。いじめた側も、いじめられた側も、それぞれ保護者は自分の子どもの言い分を信じます。そこで、子ども同士の問題が、保護者の意識の問題へとすり替わっていく現状が学校現場にはあると感じています。

＜不登校＞

　不登校というのは、複雑な問題です。不登校はいけないことだから、引きずってでも学校に来させるべきだとされていた時代もありましたが、今は「不登校を認めていこう」ということで、結果的に放置されてしまっている時代だと感じています。不登校はどこにでも起こりうるものだという認識が定着しつつありますが、放置してよいということではありません。私たちが対応するケースにも不登校は多くありますが、不登校にもいろいろあるということを考えずに見立てを誤ると、対応もズレたものになる可能性が大きいです。むしろ、個人の問題ではなく社会の問題なのだという、より大きな視点で考えていく必要があると思います。

＜孤立＞

　孤立という問題も大きいです。中学を卒業して以降、例えば不登校だった子どもが進学した学校で中退してひきこもりになり、誰もそれに対して支援をすることができなくなります。子ども自らが手を挙げて関係機関に申請すれば、支援を受けることができます。しかし多くの場合、その申請ができないがために、

孤立しているのです。義務教育段階では、不登校であっても、出席していないということを認識・把握ができます。しかし義務教育終了後は、関係機関を利用して、何とか孤立しないような手立てを打つことが可能になります。

　不登校に限らず"今"起きている問題を"今"解決できるとは限りません。ひとり親家庭の場合、DVから逃れて離婚して母子で暮らしている家庭も少なくないです。そうした背景がある場合、子どもは心の傷が癒えないままに、次の環境で暮らしていかなければなりません。親は子どもの生活・暮らしを守らなければならず、子どもは子どもで、親を心配させたくないという思いから、どうしても"今"を生きにくくさせてしまっている。原因は、そこにはないのです。さらには、回復までに要する時間には、個人差が大きいです。不登校やひきこもりであっても、"次につないで終結していく"必要を感じるところです。

＜発達障がい＞
　診断名で判断するのは非常に危険です。WISKなど発達検査でさまざまな把握をすることはできますが、一つの特徴に過ぎません。場面によって、個々の落ち着きのなさは千差万別ですから、ひとくくりにしないことが重要です。同時に、「本当に病気なんだろうか」とも思います。未成年の子どもが精神科から薬を処方され、飲まなければいけない状況に対して、疑問を感じます。薬による矯正よりも教育の自由さを私たちは保障するべきではないかと感じるのです。

　もう一方では、次に述べるとおり、不適切な養育をされたことで課題を背負わされている子どもたちの存在も気になります。教育と福祉の両面で発達障がいに関する問題をとらえていかなければならないと感じています。

2) 家庭養育の問題

＜虐待＞
　家庭養育上の困難な問題を抱えている子どもも増えています。まず子ども虐待ですが、おそらく現在は暴力よりもネグレクトの問題が多いと思います。構

いたくても構えないということもありますので、一概に親のせいにはできませんし、子どもの課題を考えていくうえで親だけを責める風潮はよくないと感じます。その親が子どものころはどうだったのかを探ることも大事です。

＜保護者の心理的困難の問題＞

次に、保護者の心理的困難や発達障害も、問題としてあげられると思います。家が片付けられないのもそうですが、学校とのかかわりの中で学校を執拗に攻撃する親がいます。その対応に担任の先生方は非常に苦労されます。一度話をし始めると2時間ほど続くうえ、攻撃的に話されるので、対応している先生方はとても辛いだろうと思います。

＜DV、離婚・再婚＞

さらに、両親間のDV、そして離婚・再婚という問題です。学校への提出書類には母親の名前しか書いていないが、家庭訪問をしたらほかの男性がいて、どうなっているのだろう、ということがあります。子どもに聞いても、よくわからない。子どもの生活実態が学校でつかみにくくなっている実態があります。DVの問題は、暴力の刷り込みです。普通の、ノーマルな人間関係の学習が家庭において行われないこともまた、今の子どもの困難の一つだろうと思います。親の離婚や再婚も、子どもがリスクを抱える可能性のある出来事です。離婚・再婚自体が悪いのではありません。子どもはお母さんの幸せを祈って賛成するものです。そこで、第三者として子どもを見守る存在が重要だと思います。

3）子どもの貧困

今特に深刻になっている子どもの貧困の問題。貧困をとらえる場合、保護者の収入を基準として考えることが普通です。でも子どもというのは、自身には収入がないのですから、基本的に「貧困」なのです。そこで、親のお金の使い方次第という面があります。とてもお金持ちで、学習にお金はかけても食事にはお金をかけたくないという家庭の場合、子どもは、自由に使えるお金を持た

せられない限り、欠食児童になってしまいます。概して食事に心をかけない人が増えている気がします。塾が普及したころからか、夕食が一日のうちの大事な時間・イベントではなくなり、食というものを軽視した結果、子どもたちにとって食が課題になっている気がします。

　いずれの場合も、子どもの困難への対応は、早いほうがよいのです。特に家庭環境を改善する必要がある場合、子どもが小さいときでなければ問題が見えてこないと思います。そこに、ＳＳＷが担う役割は大きいと考えます。

3　スクールソーシャルワーカーはどのように活動しているか

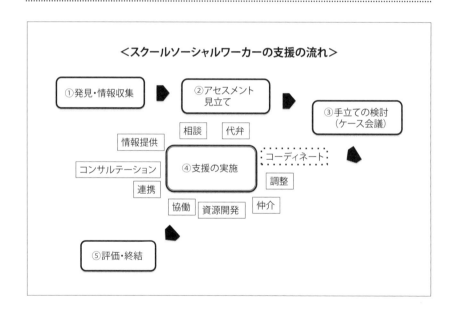

1）発見・情報収集、アセスメント・見立て、手立ての検討
　　～"子ども理解"の重要性

　たいてい、ＳＳＷは校長先生からの依頼でスタートします。あるいは市民からの相談や、児童相談所をはじめとした関係機関の相談が入口です。最終的には、

子ども対応するにあたっては、学校長からの依頼が基本になっています。依頼を受けると情報収集を始めます。子どもの状態によって、情報収集の場は異なります。不登校であれば、保護者にも会いますし、不登校になった理由・背景も探ります。必要な情報を収集する中で、見立てを行います。見立てをするにあたって最も重要なのは、"子ども理解"です。その子どもがどのような子どもなのかを、多面的に理解することが重要です。子ども理解は、児童生徒理解とは異なります。"生活者としての子ども"を見る視点で見立てをして、手立ての検討に入ります。これも、より具体的に、子ども理解にのっとって支援の方法を探さなければ、ケース会議ありきの支援になってしまいます。

2）支援の実施 ― "子どもの代弁者"

ここでＳＳＷの仕事として最も重要なのは、コーディネートです。一つの案件について、何か起こるたびに4件～5件は関係先に電話をかけます。関係機関が一定の共通理解をしておかなければ、突然何かが起きたかのように思えてしまいます。そうではなく、経緯があって、今があるのです。それから、子どもの代弁です。子どもの代弁ができるのは、子どもとの関係性、信頼関係ができているからです。一般的に、子どもに会わずして支援を行うことはできません。子どもの信頼を得る、子どもから"選ばれる"ことが重要です。こちらの年齢が上がると、子どもと仲良くなるのは大変ですが、押しの強さで何とか頑張っています。例外として、子どもに会うと混乱するために母親と最初に会うというケースもあります。

3）評価・終結 ― "非日常の存在"

支援を始めてから3か月経っても状況が変わらなければ、手立てが間違っているのだという判断をします。解決はせずとも、関係性ができる、母親や先生に態度の変化が見られるなど、何かしら、状況の変化があるものなのです。3か月経ってもそうした変化が起きていない場合、手立てを見直す必要があると考えています。3か月で支援を終了するわけではなく、見直しが必要なのです。

私たちは"非日常の存在"なので、いずれは支援を終結しなければいけません。生活場面の中で必要な資源を、子どもの環境の中に取り入れるところまでがSSWの仕事であり、人に引き継いで終結すること、そして抱え込まないことが重要です。心配は残りますが、しっかり状況を立て直せた子どもは、こちらを一度も振り返らずに先へ先へと進んでいくものです。それが私たちSSWの仕事です。子どもたちが背中を見せてくれることはご褒美のはずなので、追いかけてはいけないと思っています。

4) 自治体への提案

　ＳＳＷが担うべき基本的な役割は、自治体への提案だと思っています。福祉の視点から、教育の現場に対して子どもの支援がどうあるべきかを訴えることです。また、自治体は縦社会で、特に教育委員会はほかの組織から隔離されていますので、そこを開いていくことはとても難しいのですが、扉をたたき続けることで、福祉の視点からの支援を追求しています。SSWは、自治体に対して責任を持つ存在だということが、大事なことです。

4　いじめ、虐待、不登校の対応実例

＜対応の仕方について＞

　教育委員会内に設置されているＳＳＷの場合は、指導主事の近くで活動しているため、指導主事から相談が回ってくると事態が重くならないうちに対応できるため、SSW設置の方法としては良い仕組みだと思っています。
　学校の中では、SSWが軸となって、よく関係者同士でケース会議を開いて対応します。ただし、ケース会議ありきでは、話をして、それでやった気になって終わってしまうこともあります。実際に子どもを中心にして見守りながら動向を見守ることこそが協働であろうと思います。それを行う上で、必要な人だけが集まればよいと考えています。関係機関が勢揃いして集まると、本質が見えなくなってしまうことがあるのです。その意味で、ケース会議の在り方は考える

必要があります。

　また、対応にあたっては、当事者は子どもであり、自分たちは子どもの支援者であるという認識が重要です。いつの間にか校長先生寄りになったり、親寄りになったりするので、注意が必要です。校長先生に対して提案をする必要がある場合には、ＳＳＷだけではなく指導主事に入ってもらうやり方もあるだろうと思います。

＜いじめに対する対応事例＞

　よく、いじめた側といじめられた側を同席させて、さらに保護者を呼んで"謝罪の会"を設ける場合があります。これで「解決」では、だめだと思います。先に述べたように、親は、それぞれ自分の子どもの言い分を100％信じます。特に、「いじめ」という非常に強い言葉を示されると、当然ながら、自分の子どもを守らなければという思いが生まれます。しかし、よく見ると、いじめられたと言っている側の子どもの思いや感覚は、実にさまざまです。そこで必要になるのが、"聴く"ということです。双方から聴くという作業を、一生懸命にやっていただきたいのです。「指導する」というのでは、だめです。どれだけ聴き取ることができるか、聴けるおとなであり続け、聴けるおとなとして子どもの前に立てるかということだという気がします。

　いじめた子どもに関しては、さまざまな問題がありますので、チャンスでもあると思います。指導のチャンスではなく、いじめが軽いうちに話を聴き取って状況把握をし、子どもを理解することが重要だと思っています。子どもたちに話を聴くと、先生に話を聴いてもらっていないという苦情が非常に多いです。そんな場合でも、先生は聴いたつもりでいるのです。

　そのズレは"立ち方"から来るものだと思います。"聴く"というのは、相手から受け入れられてこそ可能となるものですから、上から目線ではだめです。子どもたちは、先生たちが何を望んでいるのかを察知して、望まれるような言葉を伝えるということもします。絶対に言わないと決めることもあります。

　重要なのは、先生をどれだけ信頼しているかという信頼関係になろうかと思

います。私たちＳＳＷが対応する場合、把握していないから"(存在し）ない"と考えることはしません。常に「あるかもしれない」「ああではないか」「こうではないか」と、かなりの"マイナス思考"で、想像力を巡らせながら確認をしていきます。また、何でも聞けばいいというものでもありません。必要な情報を見極めながら子どもと対応する必要があります。

＜虐待に対する対応事例＞

　対応を誤ると、親が子どもを学校に来させなくなることがあります。その難しさを踏まえて、児童相談所に通告する場合にも、とても慎重に行います。そうしないと、子どもが状況を隠してしまい、ＳＯＳを出しにくくなってしまうからです。

　保護者は少なからず、児童相談所は自分の子育てを評価する存在だと思っている節があり、児童相談所に介入されること、あるいは自治体によっては子ども家庭支援センターがかかわってくることについて、自分の子育てを否定されたと思う保護者がいます。そうなると、二度と扉が開かなくなってしまう。慎重に慎重を重ねて進めていく必要があります。私たちＳＳＷが対応するうえで、どこに可能性を見出すかが大事なことです。

　虐待が疑われる状態の子どもが連絡をせずに欠席したケースでは、担任の先生が家庭訪問をして、対応できなかったけれども「どうしているか心配している」という手紙を置いて帰ってきたところ、次の日に子どもが登校したというケースがありました。このケースでは、子ども自身が先生に対して信頼感を持っているということです。ここに、私たちＳＳＷは、関係性の可能性を見出します。そこから子どもたちのＳＯＳを聴き取って話をしていく、場合によっては母親の支援を組み立てていくことになります。まさしく、学校が逃げ場所になったケースです。学校に子どもたちがいるということ、学校が子どもにとって来たい場所であれば、家庭環境がいかに厳しい状況にあっても、学校が子どもたちの逃げ場所になりうるのだということなのです。

　子どもは、第三者から親を批判されたくないと思っているものです。子ども

自身が親から離れたくないとも思っています。知らないところに行くということは、子どもにとってハイリスクで、怖いことです。簡単に、一時保護所に連れて行けばよいというものではないのです。行くことが必要な場合もありますが、ハイリスクな状況にあるのだという認識を持たなければなりません。これまで、そういった強引な介入をされて、その後二度と自分からは訴えをすることなく、けれども見るからに疲弊していき、結果的には強制的に保護せざるを得なくなったケースもあります。

　虐待として報告があった場合、一つの手段として、授業観察をさせていただくことがあります。授業観察の中で、全体の中で子どものありようを見ていく、特に足元、靴をつぶして履いているような子がいます。子どものころには成長に伴って足のサイズがどんどん大きくなって、靴のサイズが合わなくなりますね。子どもをきちんと見ている親は、もったいなくても次の大きいサイズを買ってあげるのですが、買ってくれない親の場合には、子どもは、靴のかかとをつぶして履きます。あるいは雨の日に運動靴を履いて来ている子どももいます。以前に長靴を買ってくれたことがあったけれども、サイズが合わなくなったので長靴を履いてこられないのかもしれません。

　靴下や洋服がちぐはぐな取り合わせであれば、おそらく子ども自身が選んだのであろうと理解をします。

　そのように、全体として子どものありようを理解するうえでは、授業観察や給食の時間、休み時間を観察することが有効です。特に給食の食べ方は、今の生活を映し出していると思っています。

＜不登校に対する対応事例＞

　他人と関係を持つこと自体が、一つの"社会参加"であるというとらえ方ができると思います。子どもと親だけの家庭に第三者が入ることで、その家庭に風が吹き、そこから始まっていくのではないでしょうか。子どもの状態は日々変化しますが、私たちは無理に子どもに会うことはしません。家庭訪問はしますが、会ってくれないのであれば会ってくれないなりに、邪魔にならないようにひそや

かにそこに存在する。"そこにある"ということをしばらく続けていると、いつか緊張関係が緩むときがあります。そのときに、すかさず声をかけます。声の高さも、相手の子どもによって変えます。子どもと対峙したとき、私たちＳＳＷは非常に細やかに神経を使います。目線一つから。それだけ、子どもたちが私たちを見て感じているからです。子どもはおとなに対して恐怖を持っているので、できる限りの配慮をします。言葉一つで子どもの心は閉じてしまうので、言葉も選びながらかかわっていく必要があります。

　その点、先生たちには、相当のことを言っても許してもらえます。親ならば、なおさらです。ワーカーというのは、子どもからしたら"訳のわからないおばちゃん"なので、とても神経をすり減らしてかかわるわけです。今かかわっている子どもは、私のことを「親戚のおばちゃん」と言ってくれています。「親戚のおばちゃん」ですから、無理に対応せず、そこに二人で過ごすということを許してもらっています。「散歩、行く？」とたずねると「うん、行こうかな」と答えてくれます。日常の中で、子どもにとって"了解できる存在"として"そこにある"ことを心がけて家庭訪問をしています。

　徐々に子どもの変化が見られ、安定したときに、ようやく"子ども"から"児童・生徒"に戻す手立てを考えることになります。

　まずＳＳＷは"子ども"にかかわり、"児童・生徒"として戻していく、という感覚を持っています。そのためには、例えば学力が非常に遅れてしまうと、学校生活に戻っても授業についていくことができなかったり、また、朝早く起きて学校に行って一定時間を過ごして帰ってくるという生活リズムが崩れている場合、学校に復帰したからといってすぐに生活が身に付くものではないので、不登校の間に徐々に方向づけて、生活リズムを作り直すための支援をするようにかかわっていくことも非常に重要だと思っています。

　私は、必ずしも学校に行く必要はないと思っています。けれども、子どもたちには充実した時間を過ごしてもらいたいと思っており、子どもたちが充実した、安定した時間を送れるようになった段階で私たちＳＳＷの支援は終結させるべきだと思っています。バトンを渡せる相手がいないといつまでも支援を終結さ

せることができないので、バトンを渡すことのできる資源をたくさん作ることが、私たちの重要な仕事だと思っています。

おわりに

　虐待に限らず、私たちＳＳＷは、子どもの理解を得ると同時に保護者の信頼を得る必要があります。それは、子どもにとって親の存在が最大の環境だからです。子どもからも親からも信頼できる存在でなければ、環境調整はできないと思っています。子どもにとって虐待が最も影響を及ぼすのは、"自己肯定感の低さ"です。これは、何年経っても改善されない課題として残ってしまうと感じています。せめて、そのことを意識した対応が必要であり、そういう存在が必要であろうと思っています。無条件に愛され受け止められた経験がある子どもと、その経験がない子とでは、大きな違いがあります。残念ながらそういった経験をしていない子どもに対しては、どこかでその経験をさせてあげる必要があるだろうと思います。

　私たちＳＳＷは、学校とは違う立場です。子どもの視点で子どもの対応をするということが、教師とは違う役割を担っていると感じるところです。家庭の厳しい状況が急に好転することはありませんから、地域にそういったおとなたちを発見し、つなげることが、環境調整において重要なことだと思います。

スクールソーシャルワーカーから▶　学校安全とスクールソーシャルワーカーの仕事

養護教諭から▼
学校安全を保健室から支える

鈴木裕子
SUZUKI Yuko

はじめに

　養護教諭は、小学校・中学校・特別支援学校には必ず置かなければならない教育職員として学校教育法に定められています。専門の教職課程を経て授与される教員免許（養護教諭免許状）を持っています。「保健の先生」というのは正しい職名ではありません。本稿では、養護教諭はどのように学校安全にかかわっているのか、どのような課題があるかなどについて述べていこうと思います。

1　学校の保健室は、どんなところ？

　保健室は、学校教育法施行規則第1条で、校舎、校具、運動場、図書室などとともに学校に設けなければならない施設です。

養護教諭から▶　学校安全を保健室から支える

<保健室のイメージって？>
　保健室について、皆さんはどのようなイメージをお持ちでしょうか。以前は、怪我をしたときに行くところというイメージを持たれる方が多かったかもしれません。しかし今の若い人のイメージは違うようです。大学生たちに尋ねると、行くと安心できるところ、養護教諭がいていろんな話のできる場所、そのようなイメージを持っているようです。そ

保健室はどこの学校にも必ずある

こで「養護教諭の仕事って何だと思う？」と聞くと、「いつも笑顔で子どもの話を聞いてあげる仕事」などと言います。昔の保健室からイメージが変化してきていることを感じます。

<どんな理由でも利用できる保健室>
　保健室の特徴を一言でいうと、「いつでも、誰でも、どんな理由でも利用できるところ」といえます。子どもたちは、さまざまな理由で保健室にやってきます。登校途中に水たまりでズボンが泥だらけになったので何とかしてほしいとか、朝お母さんに怒られて悲しい気分だから来たとか。「手が痛い、痛い」と言うので見せてもらうと、トゲの一つも見当たらない。そこでおまじないのように消毒液を付けると「なおった～」とうれしそうに教室に戻って行くというような可愛い訴えもあります。不安な気持ちのときや、何となく甘えたい気分のときって誰でもありますが、そんなときにふらっと立ち寄れる場所なのかもしれません。その一方で深刻なこともあります。ある高校の養護教諭の話では、生徒を保健室のカーテンの向こう側で休ませている間にリストカットしていたことがあったそうです。そのような難しい課題を抱えている生徒に接することもまれではなく、決して気を抜くことはできません。
　改まって相談に行くのでなく、「ちょっと具合が悪い」と言って誰でも気軽に利用できる点が、保健室の特徴であり利点といえるでしょう。どうしてそのよう

な場所になったかについては、さまざまな考え方があります。養護教諭が成績や評価に関係なく話を聞いてくれるからとか、保健室特有の施設・設備があるからという人もいます。

＜保健室は子どもたちの居場所＞

では、保健室特有の備品とは何でしょう？

学生は次のように答えます。まずベッド。それから薬品類。本当は保健室に内服薬はありません。保健室は医療機関ではありませんし、体質によって薬の効果は異なるので、養護教諭の判断で薬を飲ませたりはしないのです。3つ目にソファーです。子どもたちはまず保健室のソファーに座り、「ああなんか保健室ってホッとするんだよね」と必ず言います。それから水道と流し台。そしてその周りに、コップが置いてあったり戸棚があったりします。小学生は冷蔵庫に目をとめて、「ジュースが入っているの？」と開けてみます。開けたら消毒薬だけでがっかり（笑）。

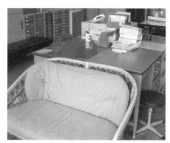

保健室のソファは
ホッとひと息つく場所

これらの保健室ならではの物品は、どこの家庭にもあるもの。つまり保健室には、家庭的な雰囲気があるので、くつろげるのかもしれません。卒業する子どもたちに保健室の思い出を書いてもらうと、「保健室がなんか暖かかった」と書いてくれます。必ずしもいつも暖かいとは限りません。でもそんなイメージなのでしょう。

＜保健活動のセンターとして＞

もちろん保健室はくつろぐだけの場所ではありません。学校保健安全法には「健康診断、健康相談、保健指導、救急処置その他の保健に関する措置を行う」と示されています。また中央教育審議会答申では「学校保健活動のセンター的役割を果たしている」と表現されています。センター的役割とは、保健情報のセンターであり、子どもたちの健康を守り育てるための活動の中心でもあります。

情報のセンターとして、保健室にはあらゆる健康情報が集積されています。例えば健康診断が終わると、そのデータを整理・分析して保管します。結果を通知するだけでなく、さまざまな健康づくりの資料として活用します。

　成長期の子どもたちは身長を測るのが大好きです。1日に2回、3回とやってくる子もいます。始業前に測って、休み時間にも測って「先生、朝より1ミリ伸びたよ！」。数時間で1ミリ伸びるわけはなく、測定誤差にすぎませんが、子どもにとってはその1ミリが自分の成長を感じるうれしい瞬間なのだと思います。「どうしたら、もっと背が伸びるの？」というのは子どもたちからの定番の質問です。

　このように身体のことについて知りたい、相談したいというときに役立つデータや図書資料が保健室にはあります。養護教諭はそれらを個別の保健指導や保健の授業、ほけん便りや掲示物などに活用しています。

　そして今、子どもたちの健康課題は、従来からの感染症や生活習慣などに加え、アレルギー、メンタルヘルス、不登校、いじめ、虐待など多様化し、学校安全と直結する問題も多くあります。その解決のためには、すべての教職員、保護者の方々、地域の医療機関・専門機関と連携した活動が必要です。そのような人々をつなぐのもセンターの役割です。

2　養護教諭はどんなしごとをしているの？

　保健室が、ただベッドや資料があるだけの部屋では、きっと子どもたちは来ないでしょう。保健室に欠かせないのは養護教諭の存在です。

＜養護教諭は養護学校の先生ではない＞
　ところがこの養護教諭という職業がなかなか正しく理解されていません。ほんの10年ほど前まで、障がいのある子どもたちの教育を専門に行う特別支援学校は養護学校と呼ばれていました。その学校の先生と混同されがちです。

　新聞に「養護教諭がセクハラで逮捕」と見出しがあり、驚いてよく読んだところ養護学校の先生のことでした。新聞社に連絡しましたら、認識不足を詫びるて

いねいなお返事をいただきました。私自身が養護学校に勤務していたころのエピソードもあります。ある子どもの健康管理について相談するため、保護者の方と一緒に主治医を訪ねました。そこで「養護教諭の鈴木です」と自己紹介すると、医師に「養護学校の先生って、みんな養護教諭じゃないの？」と聞かれました。「いいえ、保健室の……」と言いかけると、「ああ、看護婦さんね」。養護教諭の中には看護師免許をお持ちの方もいますが、看護師とはかなり異なるしごとです。また漫画などではときどき架空の妙な職名で描かれていることもあります。なかなかわかってもらえないもどかしさを感じます。

＜養護教諭はコーディネーター＞
　養護教諭の主な仕事には、①保健管理、②保健教育、③健康相談、④保健室経営、⑤保健組織活動などがあります。保健管理や保健教育の中には、身体の健康だけでなく、心の健康、そして学校環境衛生に関する管理や教育なども含まれます。後で紹介しますが、子どもたちの健康・安全を守るための環境にもかかわっていることを知って頂けるとうれしいです。組織活動とは、関係者が協働して組織的に活動することです。養護教諭は学校保健センターである保健室を中心に、校内外の連携の推進にあたるコーディネーターの役割も果たしています。

＜養護教諭は学校全体の子どもの担任＞
　養護教諭の特質として、常勤の教員として学校全体にかかわっていることがあげられます。学級担任はクラスの子どもと深くかかわりますが、単年度で交代することが多くあります。それに対して養護教諭は、入学してきたときから卒業するまで経年的に子どもや保護者の方とかかわりながら成長を見届けることができます。保健室での会話などから「〇〇ちゃんの妹なのね」「〇〇さんとご近所なのね」と、子どもたちの交友関係やクラスのこと、家庭のことなどを知ることもあります。クラスを超えて、子どもたちの背景をより広く理解して支援できる、つまり「学校全体の子どもたちの担任」ともいえると思います。
　また体調不良を訴える子どもたちを専門的な視点から観察したり、継続的にか

かわったりしていく中で、体だけでなく心の問題などさまざまなことに気づきます。養護教諭だからこそ気づけたことを他の教職員や保護者の方々と共有しながら、子どもたちの健康・安全を支えています。

＜日本の独特のしくみ―保健室、養護教諭＞
　諸外国を見ると、養護教諭がいるのは日本だけです。韓国には比較的似ている保健教師という職種がありますが、全校に配置されていません。それ以外では国によってさまざまですが、一つの学校に常駐せず保健師の方が定期的に巡回するとか、スクールナースが必要なときに訪問して疾患の管理や処置を行うというようなところが多いようです。日本には必ず保健室があって、常勤の養護教諭がいて、学校全体の健康づくりを推進していることなどを国際会議で発表すると、とてもうらやましがられます。

3　学校安全におけるリスクマネジメントとクライシスマネジメント

　次に学校安全に養護教諭がどのようにかかわっているかをお話しします。おそらく怪我をしたときなど、何か起きたときに対処する役割というイメージがあるかと思います。しかし事故が起きる前の段階で、事故を防ぐために果たしている役割がかなり大きいのです。
　一般に危機管理には「リスクマネジメント」と「クライシスマネジメント」の両面があるといわれています。危険を予測して未然に防止するのが「リスクマネジメント」。しかしそれでも発生してしまったときに、大きな被害につながらないように努め、その後再発防止策をとるのが「クライシスマネジメント」です。

＜リスクマネジメント―日ごろからの準備＞
　これに養護教諭の仕事を当てはめてみますと、日ごろからの子どもたちや保護者の方々、教職員との信頼関係に基づく交流がリスクマネジメントのスタートで

す。ふだんの子どもたちの心や体の状態をよく知っておくことで、いつもと違う変化に気づくことができます。それまでに見聞きしたさまざまな情報をもとに総合的にとらえることで危機が予測できます。

　また学校では必ず「学校安全計画」を作ることになっています。その作成には養護教諭の視点も当然生かされます。特に、何か起こったときに先生方がどのように動くかという校内の救急体制づくりが重要です。一刻を争う心肺蘇生法やエピペン®の使用、医療機関等との連携まで含めて手順を確立し、養護教諭が中心になって先生方の研修を行う学校も多いと思います。

　同時に、子どもたち自身が安全を考えた行動ができるように安全教育にもかかわります。行事としての避難訓練や安全教室などのほか、学級活動の時間などに

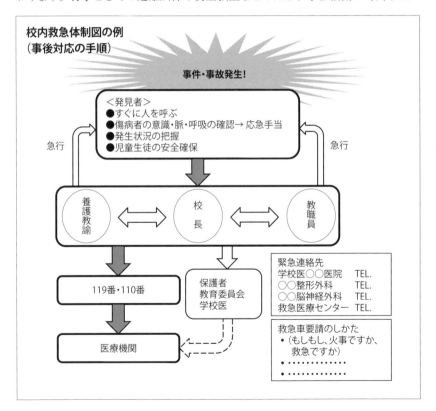

行う指導にも協力します。小学校５年生、中学校２年生では、保健体育の授業で「傷害の防止」について扱うことになっており、その中で応急手当の方法の指導などに当たることもあります。

　また環境の安全や衛生にも気を配ります。感染症の集団発生などが起こらないよう、予防と指導に努めます。最近はインフルエンザやノロウイルスによる感染性胃腸炎のほか、耳慣れない感染症が話題になったりしますので、地域の流行状況の情報収集も大切です。学校医の先生に聞いたり、近隣の学校の養護教諭同士で情報交換をしたりすることもあります。また校内や周辺に危険な場所があったり、心配なことがあったりしたとき、いち早く発見したら、校長先生や他の先生方に「最近こんなことがありました」「こんなものを見つけました」と情報提供していきます。学校行事等で校外に出かけるときは、その行程に沿って、活動内容や昼食・宿泊場所の状況、近隣の医療機関の確認まで行い、安全に実施できるよう計画します。

　リスク回避という意味では、養護教諭も先生方も人間ですから往々にしてミスもあります。それをなくすためにダブルチェックを励行するなど工夫して、大きな事故にならないように留意しています。それでも発生してしまった場合には、子どもの命と健康をとにかく守るということを最優先に考えて対応をします。

＜クライシスマネジメント―事後対応＞
　一報が入ったら、まず緊急性の判断をとっさに行います。怪我や病気の場合は重症度の判断をします。意識の有無や呼吸・脈拍等や症状を把握し、すぐに救急搬送が必要か、受診が必要か、経過観察でよいかを判断します。そのときに大事なのは、起こったことの正確な把握です。顔にボールが当たったといっても、至近距離から勢いよく飛んできたものと、緩やかに飛んできたものとでは違います。ボールの大きさによっても違います。本人が大丈夫といってもよく観察することが必要です。試合に出たいので我慢していることもあり、よく確認しないと誤った判断になることがあります。非常に急を要していて、そんな確認をしている場合でないときは、まず救急車を手配し、到着までの間に、できる限りの処置

と状況把握を行います。

　状況把握が不十分なまま保護者の方に説明すると、聞かれたことに曖昧に答えてしまい、何か隠していると誤解されてしまうことがあります。応急手当をしながらも、事故の状況をできるだけ詳しく聞き取ります。また痛みの程度や気持ちを聞きながら、少しでも早く苦痛が和らぐように、そして安心できるように声をかけながら行うよう努力しています。そして子どもにも保護者の方にも、状況や見通しをていねいに説明して、不安な気持ちに沿えるように、しっかり対応するように心がけています。

　学校での怪我の場合は最終的に日本スポーツ振興センターから給付金が出ますが、多くの保護者の方は、どのように手続きするのか、どのくらいお金が戻ってくるのかわかりません。そのようなこともていねいにお伝えして適正に事務処理をするようにしています。

　それからもちろん大事なのは再発防止。事故が起こったということは、そこに至る何らかの問題点があったはずです。それを養護教諭だけでなく先生方みんなと検証し対応の改善に努めていくことが大切です。

＜子どもの安全と環境＞

　身近な例をいくつかあげてみます。廊下にある水飲み場のそばで転んだという子どもが保健室に来ました。幸いたいした怪我ではなかったのですが、よく聞くと、水飲み場の前の床が濡れていて、そこをふざけて走っていたためツルンと滑ってしまったようです。梅雨時でじめじめした天気が続く時期、濡れた床が乾かず滑りやすくなっています。転び方によっては流し台の角や床で頭を強打し大事故になる可能性があります。そこで先生方に伝え、子どもたちに流しの使い方や、床が濡れたままにならないよう雑巾でしっかり拭くこと、廊下を走らないことなどを指導してもらいました。

　校庭でリレーの練習中に転ぶ子どもが連続したことがありました。手当てをしながら、どの辺で転んだのか聞くと、「あの右側のカーブのあたり」と言うのです。複数の学年の子どもが同じ場所を指します。でも指導していた先生は自分の担当

の授業しか見ていないので、そこで何人も転んでいるとは知らなかったようです。養護教諭はすべての子どもの手当てをしていたので気づいたのです。その場所に行ってみると、そこはカーブが急になっていて、かつコースの最も内側のあたりが踏み固められて土がとても固く締まっていました。体育担当の先生や校長に「ここで転んで怪我をする子が多いですよ」と伝え、校庭の整備をしてもらいました。

＜虐待やいじめの可能性の発見＞

よく言われることですが、不自然な怪我から児童虐待の可能性に気づくことがあります。また例えば背中に足跡が付いているなど服装の不自然な汚れから、いじめを発見することがあります。子どもなりに考えて嘘をついたり隠そうとしたりすることもあります。そこで手当てをしたりリラックスできるよう

ベッドでリラックスさせながら話を聞くことも

な話をしたりしながら「ほかにも痛いところはない？」と言って全身を見せてもらうと、ほかの場所にもアザができているのを見つけることもあります。保健室でていねいにかかわることのできる養護教諭ならではの気づきだと思います。

もし教室で先生が子どもに突然「背中を見せて」と言ったら問題ですよね。スクールカウンセラーが「ちょっとお腹さわらせてね」と言っても問題になります。養護教諭だからこそ自然に身体をみることができます。子どもも抵抗なく受け入れてくれます。でも養護教諭だからといって突然やったらびっくりされますので、もちろん本人の了解を得て行います。

4　養護教諭が感じている課題

養護教諭の学校安全への基本的なかかわりは以上のとおりですが、もちろん学校種や学校規模、地域の特色によってさまざまな運用がなされています。また

なかなか理想どおりには進まない課題もたくさんあります。

＜教職員全体が「危機意識」を持つ＞

　学校の安全については、日ごろから教職員が危機意識を持つことがとても大切です。養護教諭の多くは日ごろから健康安全にかかわっているため危機意識が高いと思いますが、一般には大きな事故などに直面した経験のある教員は少なく、あまり意識が高くない場合もあります。

　特に最近はベテラン教員が定年を迎えて大量退職し、若い教員が非常に多くなり、教員の年齢構成に偏りがみられます。それだけでなく非常勤職員や臨時採用の教員の割合も高くなっています。経験が浅いと、些細な出来事から危機的な状況につながる可能性に考えが及ばないことがあります。悪気があるわけではなく気づかないのです。それで危機意識を高められるよう啓発したり研修を行ったりしますが、いざという時にきちんと動ける力はどのようにすればつけられるのか不安な面があります。

　ときには管理職の危機意識が気になることもないわけではありません。単純に判断しかねるケースもありますが、一例をあげてみます。何年か前にはしかが流行したことがありました。はしかは感染力がとても強く、また患者1000人に一人は死亡する可能性があるともいわれています。そこで保健所では、一人でも発症者がいたら学校閉鎖が望ましいと指導していました。そんなときある学校で、はしかが発生しました。多くの子どもは予防接種をしており、未接種の子どもは限られていましたので、校長先生はそんなに流行しないだろうと楽観視していました。しかしそのとき養護教諭が校長先生を説得し、保健所や教育委員会とも相談して、学校閉鎖（臨時休校）の措置をとることになりました。実際にその後何人かの子どもが発症しました。しかし学校閉鎖による課題もありました。放課後の活動もすべて中止せざるを得ず、多方面で支障が生じました。また感染症が発生していることが地域で噂になり、その学校の子どもが差別的なことを言われ辛い思いをしたという話を聞きました。ですからできれば学校閉鎖はしたくない。でも命にかかわることなので学校閉鎖をしなければならない。そのような厳

しい選択を迫られる場合もあります。学校で子どもたちを預かる以上は、まずは子どもの命を最優先するという考えに立つことが大切であると思います。

<養護教諭の制度上の問題>

　養護教諭の研修制度にも課題があります。公立学校の教員は初任者研修、10年次研修を受けることになっています。しかし養護教諭は現在のところ法律上、この研修の対象に含まれていません。そのため自治体によっては養護教諭のための専門的な研修の機会が少ない地域もあります。

　多くの学校で養護教諭は一人で勤務しています。養護教諭が最新の情報を得て専門の知識・技術を磨く研修は常に必要です。しかし学校外での研修を受けるためには保健室を留守にしなければなりません。それを快く思わず、研修に出ることを許さない管理職もいます。養護教諭がいなくても緊急対応がとれる体制を整えておくことが大切です。

　養護教諭が複数いるのが理想ですが、財政上の理由から複数配置の基準はなかなか緩和されません。現在、小学校は児童数851人以上、中学校は生徒801人以上という基準になっています。養護教諭の団体から基準引き下げの要望が毎年出されていますが、改善されません。養護教諭を増やしてほしいという声の後押しがもっとあればと思います。

　それどころか法律には、昔から「当分の間養護教諭を置かない事ができる」という文言が残っています。昔は養護教諭の免許を持っている人が足りず、この規定ができたのですが、今、養護教諭の免許所有者は十分いるにもかかわらず法律は変わりません。

　学校に一人しかいないと、その一人の個性が養護教諭全体のイメージになってしまいます。力量が認められて管理職になる養護教諭がいる一方で、ここまでお話ししてきたような活動が十分にできていない養護教諭もいます。そういう場合、養護教諭全体のイメージが悪くなってしまいます。とても残念なことです。

　力量の差を埋めるためにも養成と研修が大切です。そこにまだまだ改善の余地があると思います。

スクールカウンセラーから▼
学校安全とスクールカウンセラーの仕事

久山みちる
KUYAMA Michiru

はじめに

 本稿では、まずスクールカウンセラーとはどのような仕事をしているのか、概略を紹介し、次にある小学校の相談状況の中から一つの事例を取り上げて検討し、最後に、スクールカウンセラーの目から見た現在の学校の状況、教職員、子どもたち、それに対してスクールカウンセラーが果たしている役割、存在の意味などについて考えていきたいと思います。

1　スクールカウンセラーはどういう仕事か

 私は、神奈川県川崎市の公立中学校2校と筑波大学附属中学校と高等学校のスクールカウンセラーをしております。スクールカウンセラーは全国的に週1日勤務が基本で、だいたい7〜8時間勤務です。

＜臨床心理士とは＞

　基本的にスクールカウンセラーは、臨床心理士がしていますが、臨床心理士はどういう仕事でしょうか。

　臨床心理士は、教育、医療・保健、福祉、司法矯正、労働・産業、学術・研究分野で活躍しています。教育分野では、私のように学校のスクールカウンセラーや教育相談所の臨床心理士が該当します。医療・保健というのは、病院や保健所で医師と一緒に患者さんのことを診ていく臨床心理士です。例えば、心理検査を行い、その患者さんの心理療法を行います。福祉は、例えば、児童相談所や療育医療センターで子どもの心理検査や心理相談を行います。司法矯正は、例えば、未成年による少年事件が起きた場合、少年鑑別所で精神鑑定を行います。労働・産業は、最近企業や会社で産業カウンセラーがいますが、会社員のメンタルヘルスを主に行っている方です。最後に、学術・研究分野ですけれども、これは文字どおり大学院の研究室や研究所で臨床心理学の研究をされている方です。

＜精神科医と臨床心理士の違い＞

　精神科医と臨床心理士の違いを説明したいと思います。

　医療現場では、精神科医と協働して臨床心理士が働くことがあります。ただし、精神科医は薬を出せます。つまり、処方できます。臨床心理士はそれができません。また、精神科医は診断ができます。臨床心理士はあくまでも、「この病気に近いんじゃないか」と言うことはできても、診断はできない、という違いがあります。ですので、精神科医は病気を"修理するモデル"と言えます。

　一方で臨床心理士は、修理というよりは、「今後じゃあどうすればこの人はよりよく生きていけるのか、生活できるのか」を考えながらカウンセリングにあたりますので、"成長モデル"と言えます。

＜スクールカウンセラー導入と必要性＞

　1995（平成7）年に当時の文部省がスクールカウンセラー活用調査研究とい

うものを実施しました。

　これは何かと言うと、調査研究校を指定して2年間の限度付きで、スクールカウンセラー活用の効用調査、つまりスクールカウンセラーを学校に入れて学校の状況がどう変わるのかを調査しました。その結果、スクールカウンセラーの必要性と効用が示されたので、カウンセラーを本格的に導入しようという流れになりました。

　川崎市の場合では2000（平成12）年度からスクールカウンセラーが入っています。筑波大学附属学校は11校あるのですけれど、2011（平成23）年度よりスクールカウンセラーを導入しています。

＜スクールカウンセラーの特徴＞

　スクールカウンセラーは、具体的にどういう仕事をしているのか。

　まず、組織、つまり学校という組織の一員です。週1日しか来ませんが、学校の一員です。生徒の生活の場、つまり学校に存在していることが非常に大きな特徴だと思います。他の、例えば医療ですと、患者さんは臨床心理士や精神科医の所には、困った時に行く、という形ですが、生活の場にいるということは、その人が困っている時も困っていない時も常に学校に存在している訳なので、様子を観察できます。

　生徒側から言えば、スクールカウンセラーにいつでも会える、という利点もあります。例えば、友達とトラブルになって「カウンセラーに相談したいけどどうしよう」と思った時に、例えばスクールカウンセラーがいる曜日であれば、子どもたちがスクールカウンセラーを観察することができます。「あぁ、あの人がスクールカウンセラーなんだ。話しやすそうだし行ってみようかな」と思います。見学する機会が増えると言うか、そういう利点があります。逆に言うと、カウンセラーは常に子どもたちの目にさらされているので、いつも気が抜けません。あと、先ほどの修理モデルと成長モデルの話ですが、付け加えると、スクールカウンセラーは問題を直すというよりは、この問題を踏まえて、ではどうしたらよりよく成長できるのか。未来志向の視点を持って取り組んでいます。例えば、A

さんという生徒がいるとします。Aさんはいつも「グループ決め」で「あの子は嫌」「この子は嫌」と言っています。それを我がままを言うAさんと捉えるのか、自分の意見を言えるAさんと捉えるのか。そこの違いだと思います。

＜中立的な立場から環境調整＞
　生徒を取り巻く環境調整ですが、生徒は色々な環境の中にいます。部活やクラス、委員会などです。その中で問題が起きた時に環境を調整する役割がカウンセラーです。何故調整ができるかと言うと、やはり中立的な立場として学校に入っているので、どの人の味方にもつかない。だから調整ができる訳です。スクールカウンセラーは、誰の味方にもつかない。だから調整ができる、そういう役割があると思います。

＜予防的機能について＞
　予防的機能ですが、いつも生徒のことを見ていますので、問題が起こる前に、生徒に手を差し伸べることができる。具体的に言うと、授業見学や行事見学をして、例えば、コミュニケーションのしかたを見たり、生徒の意見や言い方などを見ることによって問題を未然に防ぐという「予防」にもなるのかなと思います。

＜教師と生徒との関係を陰から支える＞
　学校の主役というのはやはり、生徒と先生なので、生徒と先生の関係を尊重して陰から支えるのがスクールカウンセラーの役割です。表に出すぎてはいけません。黒子のような役割です。
　例えば、在学中にかかわってきた生徒が、卒業後、結婚する時に、カウンセラーが結婚式に呼ばれるようではいけない、とよく言われます。おとなになった時に、気が付いたら「あ、あんな人が支えてくれたな」と思われる程度の影の薄さが大切です。

<教職員と連携しながら生徒のケア>

　学校での連携がとても大事です。スクールカウンセラーは、学校の一員、組織の一員なので、教職員と連携しながら生徒のケアにあたります。

　その中に3種類あり、まず、①職員会議。これは大体月1回あります。全職員を対象に行われる会議です。その中で気になる生徒を挙げて対応を考えます。

　次に、②事例検討会です。これは対応困難で、「どうすれば良いだろう」という事例について対応を検討します。主に担任の先生と学年主任の先生と時々管理職の先生、養護の先生とスクールカウンセラーが参加します。ケースによってメンバーは違います。

　あとは、③職員室にいると声を掛けられることが多いです。

　「○○さん、今日も休みました。どうすれば良いでしょう」、「○○君が暴言を吐きました。背景に何があるのでしょうか」とか、本当に色々ですね。先生方も忙しいので、10秒、20秒の秒単位でパッパと答えなくてはいけない時がほとんどです。じっくり30分、1時間というのはほとんどないです。

　医療機関につなげるケースですと、うつ病や学習障害があります。学習障害は、ある分野において学習が困難、例えば漢字が書けない、書けたとしても違う漢字を書いてしまう、計算ができない等です。

　摂食障害の相談も最近多いですね。拒食症と過食症ですね。拒食症は皆さん聞いたことがあると思いますが、過食症も増えています。凄く食べてしまって、罪悪感を感じて、喉に指を入れて吐いてしまう。そういうお子さんがいらっしゃる場合には、医療機関のお医者さんと連携して対応にあたります。

2　スクールカウンセラーから見た学校

<教職員の現状>

　現在の状況でいいますと、「教職員にとって生徒や保護者への対応が難しい」と感じているスクールカウンセラーの方が増えています。例えば、先日、プー

ルの授業で「よく泳げたね」と教師が言ったら、その生徒が「自分のことを泳げると思ってなかったのかな。馬鹿にしているんじゃないか」と捉えたのです。先生は褒めたつもりでも、生徒は馬鹿にされていると捉えてしまった。そんな行き違いがよくあります。

　あと、今、生徒への体罰は法で禁止されていますが、それを逆手にとって「叩けないだろ」と言いながら、生徒が教師に暴言を吐くこともあります。

　保護者への対応も困難な状況があります。「モンスターペアレンツ」の対応ですけれど、これもかなり増えています。例えば、自分の子どもが不登校になってしまった。それを全部学校の責任にして、毎日のように何時間も学校に電話したり、先生との面談を求めたりする保護者もいらっしゃいます。

　また、こんな事例もありました。体育の時間にバスケットボールをしていて、先生が「早くボール追いかけろ」と言ったらそれに生徒が傷ついてしまって、その後ずっと泣いていたら、生徒が帰宅後、お母さんから電話があって、「その言い方は何だ。謝罪しろ」と言われたそうです。ただ、体育の先生としては「早くボールを追いかけろ」と普通に言ったつもりがそのように捉えられてしまいました。また、こんな事例もありました。生徒のつま先を足でつっついた先生がいらっしゃったんですけど、別に何の意味もなかったのですが、それを聞いたお父さんが「それは体罰だ。謝罪に来い」と言って、管理職とその先生で謝罪に行ったということもありました。

　このように保護者のクレームが非常に増えていますので、その対応にあたっている先生を学年全体で支える雰囲気がないと担任の先生は孤独感に苛まれてしまいます。結果的にうつ病等になって療養休暇に入られる先生も結構いらっしゃいます。今、精神疾患にかかって休職する先生が毎年5000人を超えていますが、そのような先生の相談もスクールカウンセラーとして受けることは結構あります。

＜子どもの状況＞

　子どもの状況ということで、先ほど家庭環境とありましたが、家庭環境が複雑になっている生徒が増えているように感じます。例えば一人親家庭や、離婚

後新しいお母さんやお父さんがいらっしゃるとかです。また、虐待、ネグレクトに繋がることも結構あります。例えば食事を与えられない、すぐに暴力をふるわれるとか、そのように複雑な環境の子が増えています。一人っ子も増えています。同年代の生徒とのコミュニケーションでトラブルを抱えるお子さんも多いです。最近インターネットやゲームで一人で遊ぶ時間が増えているのでそれも原因ではあると思いますが、一人っ子というのも関係あるかもしれません。あとSNSの書きこみによるトラブルです。例えば「LINEで仲間外れにされました」「悪口を書かれました」とかそういう学校外でのトラブルを学校内に持ってくるので先生は大変です。SNSのトラブルは本当に増えていると感じます。

3　スクールカウンセラーが存在する意味
　　──働きかけの知、受け身の知

　上記のような状態が続いている学校で、スクールカウンセラーはどのような存在なのでしょうか。スクールカウンセラーは、授業もしないですし、成績もつけません。普段の生活の中でも先生ほど多く生徒とかかわりがある訳ではありません。ですので、生徒から見て"程良い距離"にいるので、友達や親、先生に話しにくいことでも話せる、という意味があると思います。
　心の問題の中では、二つのアプローチがあると思います。

＜二つのアプローチ─"働きかけの知"と"受け身の知"＞
　一つ目は、働きかけの知。二つ目は、受け身の知です。
　"働きかけの知"というのは、短く言ってしまえば問題行動があると原因を探って結果を改善する。"受け身の知"というのは、問題行動が生徒にとってどんな意味があるのか、本人はどういったふうに理解しているのか、更にこの生徒の問題行動は教師や学校に何を問いかけているのかを考えるわけですね。問題行動を起こしている生徒の心の成長や発達の視点から捉え直して、その子自身の気付きと心の成長を促進するようなアプローチをとります。

この二つのアプローチは排他的な関係ではなく、両方が補うようなものであって、この二つを使い分けていくことが大切です。

　何年か前に、ちょうどこの二つの知を使い分けた事例がありました。男の子が、当時流行っていた"失神ゲーム"をしていました。首を強くぎゅーっと絞めて、一瞬意識を失って元に戻るという遊びです。それをやっていたら、相手が本当に心臓が止まってしまい、救急車を呼ぶような、本当に生死にかかわるような状態になったことがありました。その時に先生に首を絞めた生徒のカウンセリングを頼まれました。この時、先生は働きかけの知で、"駄目なことは駄目"ということに気付いてもらい、カウンセラーは受け身の知で、"どうしてそんなことをしてしまったのか"とか、本人に気付いて貰えるようなかかわり方をして、これからどうすれば良いか考えてもらうきっかけにしました。カウンセラーは受け身の知が多いです。

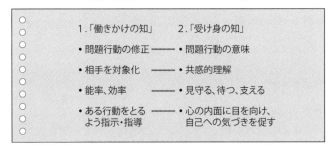

<カウンセリングとアドバイスの違い―気づきのサポート>

　"カウンセリング"とは最近よく使われますが、一体どのようなものなのでしょうか。よく"カウンセリング"は"アドバイス"である、と誤解されています。しかし、カウンセリングはアドバイスではありません。こちらが「何々をしたらどう？」と言うのではなくて、本人に気付いてもらうようなサポートをする訳です。つまり、問題を整理する手伝いをします。そうすると、その子の問題解決能力が育ち、今度似たようなことがあった際に自分で対処できるようになります。

それに対して、アドバイスは一時的なものです。「こうしたら？」と言って、一時的にうまくいったとしても、今度また似たようなことがあった時に自分で考えられるか、というとそれは分かりません。カウンセリングは自分で自分の問題を解決する、というのが最終ゴールなので、それを目指してカウンセリングしています。
　具体的にどうするか、なのですが、生徒とカウンセラーが二人でいるところを想像して下さい。生徒が話をした時に、カウンセラーは積極的に肯定的感情を持って聞きます。話の流れは遮りませんし、生徒のペースで話して貰います。そうすると生徒は「聞いて貰えた」「分かって貰えた」と思って安心します。そうすると心が落ち着くので自分を見つめ直すことができます。そうすると自分の行動の意味とか「こういう気持ちだったんだ」ということに気付いて、以前とは違う見方で自分を捉え直すことができます。その気付きに対しては見つめて、支えて、褒めてあげます。例えば、成績が良いお姉さんがいて、ずっと自分は嫉妬していたと思っていたが、本当は親に甘えたかった。そんなふうに隠された意味に気付くこともあります。そのような意味で、カウンセリングはアドバイスではないといえます。

＜相談活動の難しさ＞
　カウンセリングを受けることについて、学校でよく誤解されます。「悩みを相談することは特別なことであって、悩みを相談する人も特別な人」という捉え方です。ですので、生徒によっては相談室が人目のつくところにあると、行きにくいという場合があります。また、例えば、友達に「おまえ、心に問題があるから行ってこいよ」そんなことを言われる子もいたりして、ここは難しいです。先生方にいつも言っているのは、人が生きていく上で、悩みを抱えるのは当たり前なので、相談することは恥ずかしいことではないということです。
　実際どういうふうに相談が来るかと言うと、生徒の場合は担任の先生から「ちょっとカウンセラーのところに行かないか」と誘われたり、保護者の方に「行ってきたら」と言われたりして来ます。あとは自分で申し込んできます。相談室の

前に相談ポストというものを置いていて、その横に申込用紙があるので、申込用紙に書いてポストに入れると申込みができるようになっています。そのポストの鍵はカウンセラーが持っていて、カウンセラーしか開けられないようになっています。保護者の方の場合は、担任の先生から紹介されたり、直通電話で予約されて、いらっしゃいます。教員の場合はご自分で申し込まれます。

<誰が何のために相談に来るか>

具体的にどういう相談状況かと言いますと、ある中学校の場合は、1年間で40日勤務ですが、相談対象としては2年生と教職員が多いです。相談の内容はどういうふうになっているかと言いますと、不登校、家族関係、触れ合いが多いです。不登校は、教職員が多くて、家族関係も教職員が多いです。触れ合いは生徒が多いですね。触れ合いというのは、昼休みに開放して、遊びに来ているという意味です。

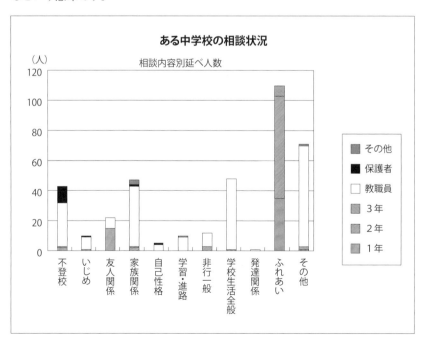

この学校だけではないと思うのですが、家族関係は最近たくさんあります。最近の事例では、当時１年生の生徒がいて、不登校が始まったのが５月くらいです。その理由は、部活動で先輩とトラブルがあったからです。教室は好きとは言っていたのですが、不登校になって、でも相談室には来られるので、ずっと週１回通っていました。相談室登校をしながらも、次はこうしよう、と小さな目標を立てることが必要ですので、その目標を立てながら相談室登校をしていました。また、登校後のイメージもあって、復帰できたらこの部活に入りたいとか前向きに相談室で話していました。２年生になって４月にクラスも変わり通えるようになったのですが、１ヶ月くらいしたらまた通えなくなって、相談室登校するようになりました。３年生になって来られるかなと思ったのですが、３年生になって急に（相談室登校ではなく）、通常の登校をするようになりました。これはなかなかない事例ですが、受験というものがあり、本人も「勉強しなくては」という気持ちで来られるようになったのかなと思います。

＜スクールカウンセラーのやりがいについて＞
　スクールカウンセラーのやりがいについてです。生徒＝クライアントが自分で解決できるようになる姿に寄り添うことです。勿論すぐにカウンセラーが働きかけたらクライアントが変わるということはありません。長いプロセスで、アップダウンもありますし、何年も掛かることもあります。入学して卒業まで変わらないこともあります。でも、クライアントが少しでも自分で解決できるようになったり、元気になるというプロセスに寄り添えるというのはやはりやりがいがあります。あと、一言、一挙一動の重みというのがあるんですけど、例えば一度だけしか相談に来なかった生徒がいて、それっきりなので「どうなってるのかな」と思っていたら、その子が卒業する時に先生たちにメッセージを送ったんですけれど、カウンセラーには「親身に相談に乗ってくれて助かった」というふうに書いてありました。あの一回だけのカウンセリングに不満に思ったのではなくて、満足してくれたんだなと思いました。それが一言の重み、一挙一動の重みです。また、一回も会ったことがない生徒でも、「お便り」を毎回読んでいた、参考になっ

たと書いてくれて、全く会ったことがない生徒でもそんなふうに一挙一動が役に立ったんだと思いました。

おわりに──中立的第三者の立場に立って

　教職員の方々によって、スクールカウンセラーの捉え方がかなり違います。カウンセラーなんて何をやってくれるのかしら、外部からこんな人が入ってきて大丈夫かしら、とか。外部から人が入るというのは初めてのことなので、そのようなことを心配される先生もいらっしゃいますが、一方で生徒の問題解決に協力して貰おうと考える先生もいらっしゃって、そうなると連携が凄くしやすくなります。

　スクールカウンセラーは、中立的第三者としてできることを行います。中立的第三者だから得られる情報を基に、生徒と先生、生徒と生徒の間を調整することができます。中立的な立場であるために、常に生徒＝クライアントと学校のどちらの味方にもならないようなスタンスをとらなければいけないということもあります。例えば、生徒が学校の批判をしていても同調してはいけないのです。そうするとスクールカウンセラーは学校を敵に回してしまうことになります。ですので、生徒に対して共感して聞きつつも、学校を批判するのではありません。学校側に生徒の要望をお伝えして、学校側の考えを生徒に返しつつ両者の関係を調整しなくてはいけません。両者の間に立って中立的立場にならなくてはいけません。難しいのですが、うまくいった時にはやりがいを感じます。ただ、スクールカウンセラーは一人職場なので、同じ立場の人がいません。全て自分一人の判断と責任で行動しなければいけません。そこに難しさのある職業であるということもできるでしょう。

学校事務職員から▼
学校安全を事務室から支える

小舘映子
KODATE Eiko

1　学校事務職員ってどんな仕事をする人？

＜教育権を保障する教育条件整備の役割＞

　学校事務職員は、学校に置かなければならないと学校教育法にも定められている職ですが、小中学校の場合は各校に1人～2人しかいません。そのため皆さんに広く周知されていないと思います。子どもの教育を受ける権利（憲法26条）を保障する教育条件整備という役割を担っています。身分的には県費負担教職員と言って、教員と同じように国と都道府県からの給与負担の職員です。県費負担の学校事務職員は基本的には全国の学校に配置されています。それに加えて各都道府県では市町村費の学校事務職員が配置されているところもあります。これも県や市町村の財政状況により正規職員の配置が非正規やアルバイト等身分が不安定な形の職員が配置され、その傾向が増えています。

　東京では、区費・市費の職員が引き揚げられ非正規雇用の職員が導入されつつあります。正規の職員として身分が安定した中で子どもの生活を守っていく

ことが必要ではないかと思います。正規職員でないと職員会議等の参加が難しくなり、学校全体の取り組みが見えづらいと思います。

＜子どものための学校事務＞

　学校事務は、一言で言えば教育条件整備活動ですが、子どもたちの教育活動を支え、子どもの成長を教職員と共有できる仕事であるということです。

　先輩の実践や学校事務職員制度研究会（制度研）の中で、子どもの目線、子どものためという視点がありました。学校の仕事をしていて、中心は子どもですので、「子どものためにどうするのか」という視点が必要なのです。事務の仕事は机上の仕事が中心になっているのですが、形式的な事務にならないように基本は子どもである、子どもの目線で仕事をすることを心がけてきました。

＜学校事務の具体的な中身＞

　学校事務という仕事は、学校を軸とした人と人、人と物、物と物、学校と行政、地域を結びつけて仕事をしていく、学校の中に位置しています。校内の組織として事務部が置かれていますが、庶務・総務・人事・財務・福利厚生というように学校の授業以外の事務部門のところを事務部で担当しております。私の経験した学校では、私ともう一人の事務職員と用務主事と言いまして現業の方がいて事務部というのを構成しておりました。私はその中の代表として、校内の運営委員会等に参加して学校の管理職や各学年の主任から教務主任とか生活指導主任などと連携をして、学校運営の一翼を担っていました。

＜学校の予算、財務＞

　学校事務の要は、財務、学校予算が中心的な仕事です。

　1年間の学校の運営費は、学校の規模、クラス数、生徒数によって算出の方法が違います。算出や配分の方法も各自治体で異なっています。

　私の勤務していた地区では、学校ごとの配当があり、各校でそれを教科ごとに分け、各教科の先生方の希望を調査したりして物品購入します。物品を購入

したら当然に管理や修繕が必要になってきます。それらについても事務職員が担当しています。

　私の勤務していた市では、前年度に半年以上あとの翌年度の計画を立てます。一応、学校から要望をまとめて挙げることができます。自治体によっては4月の時点で、前述のように学校の規模によって一定の額を配当するという形を取っているところもあります。積み上げ方式やフレーム予算と言って一定の額を学校に示してその中で学校の方針によって、この予算は増額したり、こちらの予算は減額したりというやり方の配当方法もあります。

　そのほかに給食費や教材費の集金・支払いの事務を担っている方もいます。

2　安心安全な学校施設・設備の取り組み

　以上のような学校事務の仕事から、安心安全な学校施設・設備の取り組みについてですが、その基本は、子どもの目線を大切にするということです。

　私の取り組みと、制度研の仲間の取り組みを紹介します。

＜学校施設の安全点検＞

　まず校舎内外の安全見回り点検で、怪我や事故が起きてからではなく事故を未然に防ぐ取り組みをしています。学校保健安全法に学校の安全点検をするとあります。

　私は学校事務職員として23区内と多摩地区の小学校7校と最後に中学校1校を経験しました。

　小学校では、毎月安全点検を全教職員で分担して、普通教室、特別教室、体育館、学校の敷地内、校庭の遊具とかを分担して安全点検をやっていました。

　ところが中学に異動して来たら全点検を行っていなくて、驚きました。小学校での経験から子どもの安全を考えるとやる必要があると思いました。小学校の時のように毎月では大変になるかなとか考えて、先生方が納得してもらえるようなものを作りたく、生活指導の先生とか個人的にやり取りしている先生たち

安全点検票　中学校

点検箇所	チェックポイント	点検結果 ○×	不都合がある場合は具体的な状況を記入	講じた措置
出入口	扉の開閉			
	扉の破損			
	扉の施錠			
	ガラスの破損			
天井	天井に破損			
	蛍光灯の状態			
	扇風機の状態			
壁面	窓ガラスの破損・ヒビ			
	窓の鍵			
	手すりの状態			
	壁の破損			
	コンセント・スイッチの状態			
床	床の状態			
設備類	ストーブ本体状態			
	ストーブ点火ボタン・ふたの状態			
	ガス警報器の状態			
	ロッカー・戸棚の破損			
流し	水道の状態			
	排水口の状態			
その他	安全上気が付いた箇所			

点検結果確認及び修理等の内容・方法

	修理箇所	内容	方法(校内・業者)
生活指導　　月　日　印			
副校長　　　月　日　印			
事務室　　　月　日　印			

点検者→生活指導→副校長→事務室

　の助言を得ながら、そして他校や他地区の点検項目を参考に検討しました。毎月というのは提案できませんでしたが、学期に１回の安全点検をすることを提案しました。

　実施時期については、必ず学期末の大掃除に行いました。この時は全教室に先生方が付きますので、その時に各教室や清掃担当場所の安全点検票を作り点検することにしました。例えば、教室の入り口の扉の開閉、床の状態等のチェックです。別紙を参照してください。

点検表は、学期末の終業式後に上がってきます。それを私の方でまとめて、△、×とか細かく書かれている内容を見てマーカーをつけ、用務主事さんに一緒に見てもらって、用務主事さんが対応できるものはファイルを渡して長期休業中に修理修繕など対応してもらいます。対応できないものについては、副校長、もう一人の事務嘱託員の方と相談して、業者対応等の処理をします。

　こうしたことを定期的にやっていくと先生方も安全に対する認識が生まれ、日常的にも「ちょっとおかしいよ」と声をかけてくれました。日常の修繕は、個別の修繕依頼の用紙を用意して細かなことを書いてもらっています。それをもとに事務嘱託員、用務主事さんと連携し、行っていました。

　このように安全点検を行ってきまして、学期毎に定着してきました。日常的には、用務主事、学校事務職員、管理職も含め校内巡視をする中で安全点検時期だけでは見つからないことも早期発見できるよう努めていました。

＜子どもの目の高さで施設設備を見る＞

　以下に制度研会員の実践例を紹介します。

　安全点検でなかなか見えない問題として、私たちが気をつけなくてはいけないことを、小学校にいたときに特に感じたことがあります。それは、一言で言えば、「子どもの目の高さで施設設備を見る」ということです。

　子どもの目線はおとなとは違うこと、おとなより視界、視野が狭いのです。おとなは当然見えるだろうと思うことが見えない、しゃがんでみるとわかる。子どもの目線は低いので、どうしてこんなところで怪我をするのというようなところでも理解できました。

　子どもの目の高さで見る。しゃがんで現場を見るということがとても大事だと思いました。子どもの行動は、おとなでは予想のつかないことがあります。そのことも頭に入れて対応する必要があります。

＜子どもの声を生かした安全点検―子どもアンケート＞

　もう一つ、子どもの声を聞くということで、「子どもアンケート」という取り組み

があります。小学生向けや中学生向けに子どもたちに書いてもらいます。

　子どもアンケートでは、おとなでは気が付かないことを、子どもたちが毎日学校の中で生活していて感じたり、困っていることが書かれています。おとなでは気が付かない、こんなところがと思うことが見つかったりします。

　玄関の下駄箱のささくれのようなものを子どもがアンケートに書いてきました。おとなは当初何を言っているか分からなかったのです。でも子どもと一緒に下駄箱に行ったら、確かに子どもが靴を入れるときに手に引っ掛かるのです。子どもが痛がるので下駄箱を改修したという実践がありました。

＜生徒会の参加による施設設備の整備＞

　中学生になりますと生徒会の意見を反映するという取り組みもできるようになります。直接、生徒会の役員と事務職員が懇談会をして予算関係についても話し合い、生かしています。

　制度研の大会レポートでの取り組みです。生徒会総会で図書室が古くなっているので、何とか改修できないのかという声が上がりました。できれば自分たちも一緒にやりたいので何とかならないかという声がありました。それを聞いた学校事務職員が何とかしてあげたいと職員や管理職に提案しました。その声を受けて地域の学校運営の会議に参加していた大学の先生の紹介で、大学の先生と大学院生が参加し、図書室のレイアウトから改修関係まで学生さんと子どもたちで進めました。そこにリフォーム会社の方たちも参加し、その方から知恵や道具を借りたりして、2日間延べ200名の生徒たちも作業に参加し、とても素敵な図書室ができました。

　このようにして自分たちの声が反映されて図書室ができる、目に見える形で意見が尊重され、それを一緒にやり、教員だけでなくその声を一緒に聞いてくれたおとなたち、学生さんたち、地域の方々も含めてやってくれたということで、新しい図書室になってから図書の貸し出しが増えたという報告がありました。このような図書室作りがきっかけとなり、その学校では、施設の改修などでも子どもたち、教職員、地域の方々と繋がって改修が進んだということです。

<学校環境整備のコーディネーターとして>
　子どもたちの声を聞いて子どもたちのためにやるというのは、学校事務職員としての喜びでありますけれど、子どもたち自身も意見が反映されたと実感できます。施設ですと結果が目に見えますので凄く嬉しく、やったという達成感があります。子どもたちと一緒にやり作り上げていく仕事としてやり甲斐があります。
　それらに関係して、子どもだけでなく学校の中でコーディネーターとして施設関係に関わっていくことがあります。修繕とか改修とかがあれば、現場に行きます。まず現場の状況を見て自校で対応できるか無理かを判断します。現場に行って見ること、その様子を写真に撮ってきて現状がどうなっているのか等を把握します。それを業者に依頼するのかを考えます。特に情報を共有して他の職員や事務、業者や保護者と話をします。前述の図書館の話もそうです。
　学校事務職員自身が修理や大工仕事が好きで、依頼があると現場に行って自分でやってしまう方もいました。しかし自分でやるだけでなく他の業者、行政などにつなげていってやったらどうかという指摘がありました。子どもたちの野球場の修繕があったときに地域の業者の方たちと連絡を取ってみたら、地元での学校づくりという思いがあって、その業者さんたちも少ない予算の中で、どうやったら子どもたちに良い施設を作ってあげられるか色々アイディアを出してくれたそうです。地域の方々、保護者の力や意見も借りて進めたそうです。

<公費教育を追求する>
　年間の修繕の予算が30万円・40万円しか配当がなく、行政に依頼しなければならない地区もあります。自前でやる傾向もあるのですが、やはり学校施設設備は、公費で賄えるのが当然です。
　そのために学校の様子を行政にしっかり伝えることが必要になってきます。そのためには自分たちも力を付けることが必要です。他の施設や他県、他校の様子など、そのような情報もしっかり持ちながら行政に言うべきことは言っていくことが大事です。予算が少ない中、校内対応で努力していきますが、設置義務者が教育委員会ですから、施設設備に責任を持たなければなりません。公費教育を追求してい

くことが大切です。

　学校では校舎のガラスを子どもが割った場合、反省させるという意味で子どもないし家庭にガラスの修繕代を出させることがあります。例えば友達とじゃれあってガラスを割ってしまうこともあります。修繕することと生活指導とを分けるべきだと思います。「割ったからお前が悪い、責任取れ」とガラス代の弁償を求めるのではなく、修理修繕については公費でやっていけるような取り組みをしている学校事務職員もいます。保護者に負担させないで整備することを進めなくてはならないと思います。

＜学校事故を現場でどう受け止めるか＞
　私も学校事故から学ぶ機会があり、被災された保護者の話を聞いたりすると学校は何をやっていたのだろうという思いを持ちました。もちろんボタンの掛け違いもあるのでしょうが、命に関わることを学校側が安易に扱っているように受け取られがちです。私は決してそんなことは無いのではないかと思うことがあるのですが、やはりそう見えてしまう学校の体質があるのかな、と感じました。

　学校事故にあった保護者の方のお話や取り組みを聞く中で、二度と悲劇を繰り返したくないということで、やはり学校現場の者として絶対にあってはならないと思いました。そのことが学校事務職員の安全点検活動とも繋がりました。

　また、勤務していた小学校の校庭の遊具についても点検がおざなりになっていました。その点についても素人でなく安全点検のできる業者を入れることが必要と感じて、次年度の要望を出すときに書き込んだことがありました。これは私だけでなく他の人たちも感じていて、小学校の先生たちも安全点検をしていて遊具が錆びている、ブランコが錆びているのを分かっていました。私も意識的に学校予算要求の時に遊具点検の委託を業者にしてもらうことを要求しました。毎年無理なら何年か毎にと書き込みました。その結果、2年毎に遊具の専門業者による点検が予算化されました。埼玉の防火シャッターの事故があったときも、その話を受けて多くの学校事務職員が防火シャッター等の点検の対応をしました。

＜学校の安全は？＞
　池田小学校の事件以後、不審者対策の一環で校舎が閉鎖型になり、以前はオープンだった昇降口や玄関に最近は鍵をかけるようになりました。そのために来客時にインターホンで対応するようになりました。
　ある地区ではきっちり監視する方たちを置いて対応している所もありますが、東京の区市町村ではインターホンやオートロックを付けて、事務室なり職員室で対応しています。監視カメラがあって確認して開けるというような操作もします。これが頻繁に対応しなくてはいけないということがあります。子どもの安全のためには職員を増やすことが必要だと思います。学校の安全面について考えさせられることの一つです。

＜柔道事故と学校施設設備＞
　最後の勤務校の中学で一番気になっていたのは柔道事故でした。
　平成24年度から正規の授業が始まるという話を聞いたときに、勤務校では前倒しで柔道の授業をやるという話になりました。実際に体育の授業が始まりましたら体育館に畳を敷いて柔道の授業をやっていました。年度末に保健の先生から学校保健委員会に怪我の集計をした資料が出されました。その中で柔道をしていた期間に結構怪我がありました。大きな怪我にはなっていなかったのですが指を引っ掛け爪を剥がした、足を引っ掛けたという内容でした。どうして件数が多いのかを聞くと柔道の授業でそうなったと聞きました。柔道のスペースとか、サイズのバラバラの畳が入っていて、より合わせてもずれていて、そこに足を引っ掛けたりしていました。そんなことは勤務校だけかと思いましたら、そうではありませんでした。これが本格的実施になったら大変ではないかと感じました。
　制度研でアンケートを行い、答えた学校の多くは、柔道の授業を体育館とか空いた施設を使ってやっていました。安全対策では「どのようなことをしていますか」と聞くと、畳がずれないようにしている、床の清掃をしっかりしている等、不安を抱えて指導している等の声が出ていました。
　武道場が設置されていない学校では、本校と同じように体育館の一部を使って

やっているということで不安を抱えて指導しているとの回答がありました。文科省も施設をきっちりして指導しなさいと通知していますが、「言い放し」という感じです。

　勤務していた市でも新設校には武道場がありますが、既存の学校は体育館なり空き教室を使っての指導となっていました。国からは、お金は出さないが決められたことはきちんとやりなさいと言われ、私たちからは改修しなさいと言われ自治体は大変だと思いました。授業をこういう内容で指導するのであれば、予算も付けて、子どもの安全を守るべきではないかと思います。

＜教師の限界をみんなでカバー＞

　勤務校では怪我のあった翌年まず畳を替えました。最初の年、全部は買えないので半分くらいの数にしました。そのためサイズに不都合がありました。半分を新しい畳にし、体育館ではなくて校舎内の多目的室に敷き詰める事で場所を固定しました。畳を固定するとき、地域の畳屋さんが畳購入の見積もりを取った際に、畳の敷き詰めも行うといってくれました。サイズも江戸間、京間と明らかに違い、真ん中に柱があり敷き詰めるのが大変な所ですが、綺麗に敷き詰めてくれました。そちらに移ってから怪我はありませんでした。

　こうした問題は、最初に保健の先生が事故データを見せてくれて気が付き、まずいと感じ、学校全体の話にしました。気が付いたのは、指導している体育教師ではないのです。教師は授業が終わると次から次に教えることがあるから、授業活動と施設が結びつかないことが多いのです。教育課程の中で指導するとなっているのでやるわけです。私は保健の先生、体育の先生、事務嘱託員、管理職と話し合って取り組み、その後怪我がなくやれたことは良かったと思っていました。その時の気づきをみんなで学んで取り組めたことが本当に良かったと思っています。

　最後ですが、学校事務職員は、学校の中で１人か２人で幅広い仕事をしています。これだけの思いを持っていてもできないことが多くあります。でも毎日、子どもたちが安心、安全に過ごせる楽しい学校、学校が楽しいと思えるような所で子どもたちが生活していけたらいいなと思っています。

学校医から▼
内科校医からみた学校安全

川上一恵
KAWAKAMI Kazue

はじめに—小児科医として学校医として

　私は、長く小児科医としてクリニックで子どもの診療をするほか、学校医として子どもたちの健康管理に関わっています。数年前ですが、私の周囲でもいじめの問題が起こり、学校での子どもの健康や安全について一緒に考える仲間を増やさなければ問題の解決は困難だと思うようになりました。その"仲間"というのは、もちろん学校の先生、弁護士、地域・町会の人、そして保護者です。私にできることとして、学校保健委員会（学校保健安全法で、最低でも年2回、毎学期1回は開くことが定められている）をうまく活用した仕事を目指しています。

1　内科校医からみた学校保健、安全問題の足跡

　内科校医の仕事は、学校保健安全法により規程されています。学校保健の

学校医から ▶ 内科校医からみた学校安全

表. 学校医と学校保健・安全問題の歴史

		社会の出来事	学校保健の課題
1872年	明治5年	学制公布	
1873年	明治6年	徴兵令	
	明治10年代	コレラの流行	コレラ、結核等の感染症対策
1888年	明治21年		活力検査を開始
1897年	明治30年		学生生徒身体検査規程公布 4月と10月に身体検査を行う
1898年	明治31年		勅令:全国の公立小学校に1名ずつの学校医をおく
			病弱教育
			身体虚弱児に対する健康増進、体力向上を目的とした林間・臨海学校の実施
1904年	明治37年		学生生徒身体検査規程　一部改正(年1回4月に身体検査)
1919年	大正8年		学校伝染病予防規程公布
1920年	大正9年	世界大恐慌	
1923年	大正12年	関東大震災	身体虚弱児童全国平均5%(約50万人)
1937年	昭和12年	日中戦争開戦	
1940年	昭和15年		学校給食奨励規程　公布
1941年	昭和16年	太平洋戦争開戦	国民学校令(伝染性疾患を持つ児童の出席禁止、養護学級・養護学校の設置)
1945年	昭和20年	終戦	
1947年	昭和22年		学校給食開始
1948年	昭和23年	予防接種法制定	
1949年	昭和24年		給食に脱脂粉乳登場(ユニセフからの寄贈)
1954年	昭和29年		学校給食法　成立
1958年	昭和33年	学校保健法制定	
1960年代	昭和40年代	高度経済成長、公害問題	大気汚染による喘息児童の出現
1963年	昭和38年		脱脂粉乳をやめ牛乳へ移行(局長通知)
1990年代		経済格差	子どもの貧困
2009年	平成21年	学校保健安全法へ改正	

歴史は明治時代に始まり現代に至ります。そして、学校保健、学校安全の課題は時代により変遷しています。（表）

<昭和20年代から平成にワープ・栄養失調と学校給食の役割>

昭和20年代、第二次世界大戦中の食料難の影響で、終戦後しばらくの間子どもたちは栄養失調の状態でした。図1は10歳男児の平均身長を明治33年から10年毎にみたものです。昭和23年はそれまでと比べ約2cm身長が低かったことがわかります。[1] 校医が主に健診で行っていたのは子どもたちの栄養状態の評価でした。さんざん「美味しくない」と言われて評判が悪かった学校給食の脱脂粉乳も、実は子どもたちの栄養管理という観点からは非常に大切な働きをしていました。

当時、家で十分な食事をすることができていない子どもにとって、学校給食で、せめて1日に1回はきちんとした食事をするということが、命と身体

図1．10歳男児の身長の推移

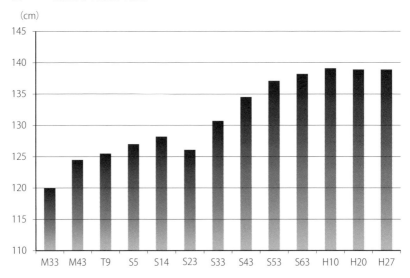

を維持するうえで非常に役立っていました。

　当時の栄養失調とは別の角度から、最近、給食の重要性が叫ばれています。昭和40年代後半には栄養不良とされる児童は0.15%まで低下していましたが、平成18年には2.14%と増加しています（図2）。[1] これは、社会経済の低迷、男女共同参画や女性の社会参加、あるいは保育園の問題とも重なり、保護者の多忙さに伴う養育力の低下が関係していると考えられます。そして、虐待、ネグレクトにもつながる問題を含んでいます。保護者がフルタイムで働く率が上昇しています。養護教諭が、子どもたちの夕食を調査したことがあります。子どもたちに使い捨てカメラを与え、数日間連続で夕食の写真を撮るよう指示をしたところ、立派な食事が並んだテーブルから500円硬貨が1個写っているだけのものまでありました。500円硬貨の写真を撮った子どもは、その日は夕食を食べなかったそうです。コンビニエンスストアで買った菓子パンが1つ写っているだけの子も数名いました。

図2．栄養不良の小学生の頻度

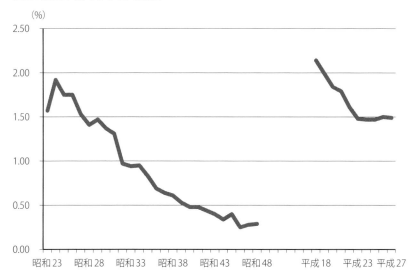

このように最近では、身体計測上は栄養失調ではないが、心が栄養失調に陥っている子どもが少なくないのです。給食は、「食事とはどういうものなのか」、つまり主食・主菜・副菜によって組み立てられた食事をとるということを子どもたちに教える場になりうるのです。実は未だに、学校給食が栄養管理の基本になるという一面もあります。本当に貧しかった昭和20年代の給食から時代は飛んで、今平成20年代には飽食の時代でありながら食べられない子どもたちの栄養管理という課題が給食に課せられています。

＜昭和30年代以降、感染症対策＞
　昭和30年代には、国民の生活レベルの向上を受けて、子どもたちの栄養状態は改善しました。医療の世界では、抗生物質が入手しやすくなり、子どもたちを感染症から守るという仕事が校医にも課せられました。第一は結核、第二がポリオです。いずれも、ワクチン開発や治療薬開発で克服してきました。
　また、今は溶連菌感染症と言われる発熱疾患は、昭和30年代には猩紅熱と呼ばれ大変恐れられていました。猩紅熱は伝染病予防法の対象となる疾患であり、診断されると保健所職員が家庭に消毒に来ました。医療界では猩紅熱は抗生物質で治療できる病気という認識になって久しいにもかかわらず、病名がつけば消毒をしなくてはいけないという不都合が発生しました。そのため学校感染症法上は猩紅熱ではなく溶連菌感染症という病名をつけて、容易に対応できるようにしたのです。伝染法予防法や結核予防法が統合されて現行の感染症法に代わって以降はこのような矛盾は解消しました。
　このように感染症は、学校における健康管理の課題となってきました。「毎日肌着を洗ってあげてください」「お子さんをお風呂に入れてあげてください」というのが、昭和30年代に、学校が保護者に対して発信していた情報でした。その後、それら一つ一つの問題がクリアされ、昭和40年代の高度成長期には人々の生活が格段に豊かになった一方で、公害問題が発生しました。子どもたちは、四日市ぜん息に代表されるような気道の病気にかかりコンコンゼイゼイして夜も眠れないような事態に陥りました。この時代には、子どもたち

を空気のきれいな田舎へ転地療養させることで対処しました。
<平成の時代、アレルギーから心の問題まで>
　平成に入ると問題が多様化します。学校医は、アレルギー、基本的な体力・運動能力の低下、発達障害、メディア接触の問題、そしていじめの問題・心の問題と向かい合うことになりました。小児科医ですら一人ですべての問題に対応するのは困難な状態になっています。

　そうしたさまざまな疾患や障がいを抱えている子どもたちが教育を受けるにあたり、「すべて国民は、ひとしく、その能力に応ずる教育を受ける機会を与えられなければならないものであって、人種、信条、性別、社会的身分、経済的地位又は門地によって、教育上差別されない」と教育基本法に謳われる"ひとしく"というのは、どういうことなのでしょうか。こうした問題は、一見、内科校医には関係がないように思えますが、実は子どもの問題であると同時に学級担任の心の負担の原因になっていて、担任の精神的なケアという観点から関わることが多いのです。

2　現代の子どもと病気—学校で気になる4つの疾患

　子どもの病気の中で、①アレルギー疾患、②心疾患、③腎疾患、④痙攣性疾患は頻度が高く、学校での配慮が必要なことも多々あります。

1）アレルギー疾患

　アレルギー疾患には、気管支喘息、アレルギー性鼻炎、アトピー性皮膚炎、花粉症、食物アレルギーなどが含まれます。子どもの学校安全の観点からは、アレルギー疾患が一番の話題になっています。

　気管支喘息については、昭和40年代の大気汚染（公害）が深刻だった時代に最も問題になりました。当時は現在ほど良い薬がありませんでした。喘息発作によって生命の危機に陥る子どもも稀ではありませんでした。発作で夜の睡眠が不十分なことや運動制限を課されたこともあり体格的な不利益も負

いました。それが、ここ20～30年でより良い治療薬が開発され、さらに疾患の病態解明が進みました。今は昔のような重症の子どもが減り軽症の子どもが増えています。その原因も大気汚染や公害ではなく何らかの物質に対するアレルギーです。(図3)

気管支喘息の発作の多くはアレルギーを有する花粉やハウスダスト等への曝露です。そして気管支組織に起きていることは炎症です。炎症に伴って気管支の壁がむくみ空気の通り道が狭くなったために起こる呼吸困難な状態が喘息発作です。炎症を抑えるという観点から、気管支喘息の治療の基本はステロイド剤と気管支拡張剤の吸入です。

多くの人は、鼻が出れば耳鼻科へ、ゼイゼイコンコン咳が出れば小児科か内科に行きます。鼻水と咳は別々の疾患ととらえられがちですが、近年、

図3. 気管支喘息を有する小学生の割合

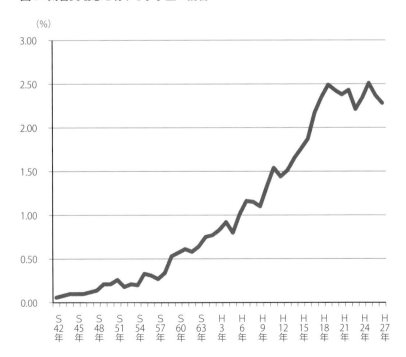

One airway one diseaseと言って気管支喘息と鼻炎を分けない一連の疾患ととらえる見方もあります。鼻、のど、肺はつながっているので、鼻から肺までを一元的にとらえてアレルギー疾患と考えるのです。

通年性の鼻炎は、ホコリの中に住んでいるダニに対するアレルギーから発症している者が多くみられます。2012年に熱が出てときに死に至る、ＳＦＴＳ（重症熱性血小板減少症候群ウイルス）というダニ媒介のウイルス性の脳炎が話題になっていますが、あのダニとは別のものです。喘息や鼻炎を起こすダニは、人を噛むことはありません。むしろ人間が落としてくれたもの（フケや皮屑）の中に潜んで、フケや皮屑を食べているだけなのですが、そこに存在するだけでアレルギーを起こすモノです。大人しいけれども実はタチが悪いというものです。一方、ＳＦＴＳを引き起こすダニは、人間に噛みつき病原微生物を刺入します。

鼻炎になると鼻呼吸ができないため口をずっと開けて口呼吸となってしまいます。口を開けているとのど（アデノイドや扁桃）の炎症を起こしてのどや鼻の粘膜が腫れ鼻水や痰がのどにまわりますし、夜間いびきをかいて無呼吸発作につながり、眠りが悪くなり、昼間に集中力を欠くなどがみられるようになります。勉強をしっかりさせるためには鼻炎を治療したいと思うわけです。しかし通年性の疾患というのは、本人と保護者ともに慣れてしまうためか治療を継続しづらいようです。命がけになるということではないので、比較的軽視されています。

アトピー性皮膚炎は、乳児期には顔面や体幹に、学童期になると膝や肘といった屈曲部に発疹が見られるようになります。毎年6月中旬から7月初旬にどこの学校でもプール開きが行われると思いますが、この時期、アトピー性皮膚炎を有する子どもにとっては受難の季節です。十分な治療が行われていない子どもにとっては、屋外のプールで陽にあたりながら高濃度の塩素の水に浸ることは、神話に出てくる因幡の白ウサギ同様にピリピリと刺激されつらく感じられます。プールの後は皮膚が火照りかゆみが増します。では、そもそもアトピーはいつから症状が出てくるのでしょうか。お母さんのお腹

の中にいる胎児期や、オギャーと生まれてきた瞬間に「ああ、この子、アトピーだ」というような子はいません。お母さんの子宮の中では、羊水にプカプカと浮かんで皮膚表面は湿度100％で無菌、日光は届かない（紫外線はない）状態で生きています。つまり、この三要素を生後にも保つことができた場合には、ひどいアトピーにはならないのです。したがって、アトピー性皮膚炎の子どもには紫外線に当たらないでほしいので、いわゆるスクール水着ではなくラッシュガードなどダイバーが着るような全身を覆う水着を着せてあげたいと考えます。あるいは、水泳の授業の後にはできるだけしっかりシャワーを浴びて塩素を流し、保湿剤を塗ってあげたいと思います。皮膚表面には常在細菌が多数存在しています。洗いすぎて常在細菌まで消してはいけないのですが、伝染性膿痂疹（いわゆるとびひ）の原因になるような化膿菌と言われる菌はしっかりと洗い流して消しておきたいものです。洗った後にはクリームや軟膏を塗って保湿をします。最近は、養護教諭もこのことをよく理解されているので、重症な子どもについては保湿剤を学校に持参するように促し、体操やプール授業のあとにシャワーを浴びさせて軟膏を塗布することに協力してくれることが増えています。

　花粉症というとスギ花粉症と同義のように語られますが、実は、スギ以外の花粉に対するアレルギーもあります。東京以西では、スギは２月から４月まで、ヒノキは４、５月です。６月になっても鼻水や目のかゆみがおさまらない場合にはシラカバの花粉症かもしれません。シラカバやはんのきの花粉症は、単なる目がかゆいとか鼻水が垂れるという症状以外に、食物アレルギーとの関連性があるので、実は注意を要するものです。食べ物のアレルギーかもしれないと思って検査しても陽性にならなくて、シラカバを調べると陽性になることがあります。これは、花粉の抗原の形と果物の持っているたんぱくの抗原の形が似ているためのものです。小学校の給食でも、これがよく問題になっています。

　数年前の東京都内の小学校での給食に関連する死亡事故以後、食物アレルギーへの対応が重要視されています。食物アレルギーの診断は非常に難しい

です。検査ですべてを診断することはできません。よく保育園や学校で給食の食品除去をお願いすると「検査をしてから言ってください」と言われるのですが、検査は万能ではありません。検査で陰性でも、食べてダメなモノはダメなのだということを説明して分かってもらわないといけないのです。ここ数年、心臓病や腎臓病と同じようにアレルギーに対しても管理指導票が導入されたために、検査をしていなくても私たち医師が管理指導票に記入して指示をすれば通るようになりましたが、それでもまだ「検査をしていないのだったら、違うのではないか」「わがままではないのか？」と言われることもあります。

　好き嫌いとアレルギーには、背中合わせに近い部分があります。もちろん、ただの好き嫌いな子もたくさんいるのですが、食べ物アレルギーの中には、とても好きで、それこそ虫が好いたように食べたがるモノと、反対に大嫌いなモノが含まれていることが多いのです。好き嫌いだと思っていたのを検査して見たら陽性で、「お母さん、この子は好き嫌いで言っているのではなくて、食べると気分が悪いのですよ」ということもしばしばあります。そして一番大切なのは、食べたらどうなるかについての詳細な問診です。食べて何分後にポツポツ（発疹）が出たのか、ゼイゼイコンコン（咳や喘鳴）し始めたのかを詳細に聞けば、検査にたよらなくてもだいたい分かります。

　東京都教育委員会では『食物アレルギー緊急時対応マニュアル』を作りました（図4）。[2)] どんなアレルギーがあるのか、どういった症状が出たらどのような対処をするか、それぞれのお子さんの薬なども書き込んでおけば、そのまま緊急対応ができるという、非常に良い出来のものです。

図4. 食物アレルギー緊急時対応マニュアル（表紙）

東京都健康安全研究センター企画調整部
健康危機管理情報課
http://www.metro.tokyo.jp/INET/OSHIRASE/2013/07/DATA/20n7o400.pdf

その中に、アレルギーが出たときにエピペン®を使うという説明が出てきます。エピネフリンという成分が入っていて、5kg〜30kgの子どもと30kg以上の人とで製剤が2種類あり、医師が体重に合わせて処方します。エピペン®は自己注射薬であり、処方された子どもにのみ使うことができます。自己注射薬というのは、本来患者本人が注射をするのですが、幼児や小学生ではいつ注射をするか、安全に注射することができるかといった心配があるため、保護者や学校の教員が子どもに代わって、もしくは子どもを介助して注射します。

2） 心疾患

　心臓の病気は、いろいろあります。先天性のものと後天性のものがあり、後天性のものの中に不整脈があります。多くは入学前に診断がついています。不整脈と先天性心疾患でありながら雑音が聞こえないなどの理由で診断がついていなかったものも小学校1年生時に心電図検査がありますので、そこで、多くは診断がつきます。診断がつくと管理指導票が作られるわけですが、せっかく管理指導票で「何でもやってよい（管理区分E）」としてあっても、学校から、「この子、プールに入らせてだいじょうぶですか？」「組体操やらせていいですか？」といった質問が常に出てきます。

　学校が心配する気持ちは分かるのですが、管理指導票は医師が書いていますので「何でもやってよい（管理区分E）」と書いてあったならば、それを尊重してほしいと思います。ただ、どうしても心配な場合には、たとえば初年度だけは帽子の色を変えるとか、頭頂部にリボンをつけてすぐに見分けがつくようにしたらどうかというアドバイスをしています。できるだけ、子どもの学ぶ権利と教職員の心配の両方を守れる折衷案を探すようにしています。実際、よほど重症な心疾患の子どもの場合には運動制限がかかりますし、そうでなければ、なんでもできます。それでも先生方が非常に怖がるのが心臓病なのです。

　心疾患ではないのですが最近話題になっていて、知っておいていただきた

いものがあります。AEDが必要になる状態として、心臓震盪があります。みなさん、昔ドッヂボールをしていたとき、どのようにボールを受け止めていましたか？　私は運動音痴だったので、ボールが飛んでくると、ドンと胸で受け止めていたのですが、実は今はこのような受け止め方はいけないのです。胸で受け止める、あるいは野球などのキャッチボールをしていてボールをとりそびれて胸に当たってしまうことによって心臓にドンと衝撃が加わったときに、たまたま心拍のあるフェーズと一致すると心臓が止まってしまいます。これが心臓震盪という状況です。

　心臓振盪以外にも学校における体育活動中の突然死が散見されています。平成23年に埼玉県で桐田明日香さんが駅伝の課外練習中に倒れ救急搬送された後に亡くなるという事故が起こりました。埼玉県ではASUKAモデルとして、体育活動等における重大事故を未然に防ぐための取り組みや、事故発生後にとるべき対応についてのマニュアルを作りました。[3] 子どもが倒れ意識障害を生じたら心肺蘇生法を開始するとともにAEDを持ってきてほしいのです。今、都内ではだいたいどの学校にもAEDが配備されているはずです。配備されている場所を知らなければ持ってこられない。子どもたちがいたずらをするといけないからといって隠していたり棚に鍵をかけていたりということがあると、必要なときに使えません。救命救急処置については、教職員あるいは指導者には正しい知識を持っていてもらいたいものですし、子どもたちにも教育をしておく必要があります。

3）腎疾患

　つぎに腎臓病です。ここ20〜30年のあいだに、腎臓病の子どもたちの学校生活は大きく変わりました。以前は、腎臓病を持つ子どもたちは全員、運動禁止でした。今では、運動をさせないのは状態が非常に悪い子だけで、腎不全が進んできているとか、今まさに急性期だという場合だけです。状態が落ち着いて登校可能な子どもについては、ほとんど制限をしていません。激しい運動（マラソンやサッカーの試合にフル出場するレベル）は控えてもら

うことはあっても、普通の通常の子どもらしい生活においては制限を加えません。プールも普通に入れます。

　学校検尿で腎疾患が発見される子もたくさんいます。学校検尿で異常だと診断される子は、小学生だと10万人に500人、中学生は10万人に800人という割合です。10万人に500人というと、1校に1人もいないくらいの数字です。学校検尿で腎臓病が発見された場合に、ときどき、親御さんが心配をしすぎて「運動をやらせないで」と言うのですが、医師が「やっていい」と言った場合には心配しなくていいです。基本的には、医師が作成した学校生活管理指導票に従って、子どもの生活を守ってあげるということが必要になります。

　中学生になって発見率が上がっている理由には、大人型の病気が出てくることも挙げられます。たとえば、先天的片腎（片方しか腎臓がない）の子が、それまでは尿に異常がなかったのだけれども、中学生になって身体が急激に成長して運動量も増えたときに腎臓が対応しきれなくなるということがあります。あるいは尿管逆流症といって、通常は膀胱から外に向かって一方向に降りて行くところ、尿が尿管と膀胱のあいだを行ったり来たりする疾患の場合には、腎臓に下流から圧力がかかって疲弊してくることがあります。そういった症例の場合、わりと小学校で発見されるものではあるのですが、発見されないままに中学生になって、腎臓がかなりつらくなってきたところで初めて症状が出るということがあります。あるいは成人にも見られるような慢性の腎炎の場合、大人型が中学校くらいの時期に発症し始めることがあるために、小学生よりも中学生の方が発見される頻度が高いという傾向があります。

4）痙攣（けいれん）性疾患

　最後に、学校でよく問題になるのが、痙攣（けいれん）です。痙攣というのは、脳の細胞が無秩序・過剰に興奮すると起こるものです。手などの筋肉を動かしたりするのは、すべて脳が指令を出して、その指令が伝わった結果です。それが無秩序に、反乱を起こしたような状態になるのが痙攣です。熱

性痙攣や泣き入りひきつけなど良性のものもありますし、癲癇といって治療が必要なものもあります。原因が分からないが脳波を調べると異常が見られる一次性のものもあれば、転落や自動車事故によって頭部に外傷を負ったり脳腫瘍ができたりしたために発作を起こす、症候性と呼ばれるものもあります。痙攣の様子も、グーッと反った後にガタガタガタと震えが来る場合（大発作）もあれば、ピクッピクッピクッだけ、顎をピクッピクッピクッとするだけの場合もあります。

ですから、実は痙攣の発作を見つけることは困難ですし、しかも発作を起こしている最中にしか脳波の異常が現れないことが多いため、なかなか診断がつかないお子さんもいます。

私が診ているお子さんで、2年ほど前から頻繁に意識を失うようになり脳波やCT検査を行いましたが異常は出ないということがありました。おかしいと思いながら経過をみていたところ、たまたまとった1回の脳波でてんかん波を検出することができました。本人は倒れたときの様子を覚えていませんので、詳細を聞き取ることができず、診断には本当に苦労しました。診断でき投薬治療が始まってから、その子はまったく意識を失わなくなりました。発症当初はプールに入れてあげられなかったのですが、診断しコントロールできてからはプールも可となりました。ただ、学校からは「いつ発作が起きるかわからないのでプールに入れないでほしい」と言われます。けれど、子どもの権利から言えば、きちんとコントロールができているお子さんはプールに入れてあげるべきであって、むやみに恐れてはいけないです。

おわりに──健康の自己管理を！

病気、疾患については、なにより、本人がよく知らなければなりません。このような基礎疾患を持っているお子さんに、自分の病気を正しく理解させるために私たち医師は努力しています。親御さんの中には「かわいそうだから、子どもには言わないで」という方もいて、病気の自覚や理解がないまま中学生、

高校生になってしまうと、運動制限などを守れなかったり、怠薬をしたりで体調を崩して学校生活に支障をきたすことになります。

　ただでさえ思春期は難しい時期です。きちんとお話をして一人前に扱って「残念だけれども、君の病気はこういう病気です」ということを、繰り返し説明して、子どもが私を信頼してくれて、説明の内容を納得してくれればあとは楽なのですが、そこに至るまでに何年か必要な子も出てきてしまいます。

　疾患の有無にかかわらず、自分の体の特徴を知ることこそ学校生活を安全かつ快適に送るための最も基本的な対策となるのです。

参考資料：
1）総務省統計局．E-Stat 政府統計の総合窓口
(http://www.e-stat.go.jp/SG1/estat/List.do?bid=000000170659&cycode=0)
2）東京都健康安全研究センター企画調整部健康危機管理情報課．食物アレルギー緊急時対応マニュアル
(http://www.metro.tokyo.jp/INET/OSHIRASE/2013/07/DATA/20n7o400.pdf)
3）さいたま市教育委員会．体育活動時等における事故対応テキスト：ASUKA モデル
(http://www.city.saitama.jp/003/002/011/p019665.html)

学校医から▶　内科校医からみた学校安全

学校長から▼
開かれた学校づくりと学校安全

佐藤剛彦
SATO Takehiko

はじめに──学校長として学校安全に取り組む

　本稿では、学校長の立場から日常取り組んできた学校安全活動について紹介したいと思います。学校安全というと語り切れないものがたくさんあるので要点を述べていきます。

　私が勤務していた小学校は、世田谷区千歳烏山にあります。東京都でも2・3番目に早く芝生の校庭になった学校です。近年新しい校舎が出来上がりまして、全面芝生の校庭になりました。光と風の溢れるユニバーサルデザインの校舎でもあります。

　小学校校長の考えている学校安全と言いますと、言い方を変えますと校長自身の危機意識だと考えています。危機意識というのは普通言われている危機管理の意識だと思っております。その中身は、学校の安心、安全、安定です。
学校が安心出来るところであること、安全であること、安定していることは、かなり大変なことです。

学校長から ▶ 開かれた学校づくりと学校安全

　まず人です。子どもがいます、保護者がいます、地域の方々がいます、教職員がいます、4者の安心、安全、安定を獲得していかなければいけないのです。
　次に物です。建物が大きいです。物の管理があります。パソコンの管理もそこに入ります。
　あとはお金です。予算の管理から始まって通帳の管理が入ってまいります。
　そして国の施策、市区町村の行政施策、そして校長が考える施策があります。

▲光と風の溢れる校舎

芝生の校庭▶

1　学校安全と人

　まず、人の管理を対象とした場面では、まず子どもたちの学習保障をしなければなりません。ここには今課題がいくつかあって、特別支援がらみの問題がその中の大きな課題です。

＜子どもの命の問題―食物アレルギー対策など＞
　毎日「子どもが怪我をしました」と。
　「どうだったの」と言うと、「プリントを配ったら後ろの子の目にシュッと」。これは年間に10回くらいありますね。ですから今こういう約束をしています。後ろを向いて「はい、どうぞ」、「ありがとう」と受け取るのです。低学年では

83

やるのですが高学年ではまだまだです。そんなところまで工夫しないと、いろいろなところで事故が起こってしまいます。

それから子どもの命の問題となると、今大きいのは、今日、保健の先生が来ておられますけど、最近、調布市で事故が起こりました。アナフィラキシー、食物アレルギーの事故です。

我が校には587名の子どもがおりますが、そのうち5名アナフィラキシー症状になるお子さんがいます。私の学校は多い方です。他の学校は聞いてみると一校で1人、多くて2人位。私の学校は各学年に1人位います。

私が執務している校長室の壁には、いろいろなものをぶら下げています。ぶら下がっているのは、緊急の場合の救急車を入れる所の門の鍵だとか、そういうものです。

校長室には、在学している子どものおじいちゃんが持ってきたイタチの置物もあります。そのかげに110番ボタンです。ポンと押すと直結する非常110番が校長室と職員室にあります。私の手を伸ばせば届くところに110番。

そして薬の管理、これが保健室のエピペンのところです。アナフィラキシーに対するエピペンです。今新聞でも取り上げられているものです。直ぐに分かる所にエピペンと書いてあり、そこに5本のエピペンが用意してあります。5人分それぞれ違います。それから内服薬があります。親御さんとは話をすべて通してありますから、その子の場合には直ぐお母さんに電話してエピペンを打つか聞く、エピペンを打つ、内服薬を飲ます、そして救急車を呼んで待つ。こういう連続性が頭の中に入っておりまして、それが先程見せました校長室のところにこうぶら下げてありまして、いざというときは、私はこれを持って20メートル、向こう側にある保健室に走っていくようになっています。

＜教職員対応＞

教職員の職務のところでよくあるのは、体罰とか、前にあった学習指導要領を逸脱した教育内容を学習させるという問題です。服務の問題でＵＳＢメモリーを失うだとかの問題です。ただその一方で教職員の生活も考えてあげないとい

けないのです。それが校長としての役割だと思っています。

　その他の職員については、大事な行政の施策として、ガードマン、学校警備員です。正門に立って頂き、ぐるりと校舎内も見て、7つの門を巡回してもらっています。これは毎日のことですが、今は半日です。これを毎日一日中いてほしいと要望していますがなかなか実現しません。

　それからスクールカウンセラーです。スクールカウンセラーも毎日いないとだめです。スクールカウンセラーだけでなくスクールソーシャルワーカーの人たちも当然必要だと私は思っていますし、その人たちと私は連携を図っているところです。

＜保護者・住民対応＞

　保護者の方々の願いはいろいろです。そこまで言うかなというくらいまで、たくさんあります。私どもが育てていくのは子どもですので、保護者の思いとは別に子どもの環境を考えてあげないといけません。

　地域の方々の願い、これもいろいろですが、やはり子どもたちは"地域の宝"であるという発想は世田谷区のどの小学校でも持っているわけですが、私は真実だと思っています。ですから地域の方々の願いと共に進めていきます。よく言われている関係機関との連携で警察、児童相談所、子ども家庭センター、保健所、いろいろなところと関係していますので、いろいろなところにいろいろな形で関わっている子どもたちがいる。これが校長としての私の守備範囲です。

2　学校安全と物

　続いて物の管理です。

＜出入口と門扉＞

　池田小事件以来、やはり門の所の安全はかなり神経質にやっています。私のところは7つ門があります。全部守れるかというと守れません。4つだけ防犯カ

メラを付けて頂いています。

　扉と施錠の話ですが、本校は1階と2階の2か所が玄関になっていまして、扉が10枚ずつくらい続いています。ここで私は、学校用務主事に対して、子どもたちが登校を終えたら全部施錠することを指示しています。開けてある扉は、来客の入る右側だけです。来校者は、インターホンを押し入ってきます。電気錠をすべてに掛けていますと仕事になりませんので、電気錠は掛けているような掛けていないような状態になっています。門扉、通用門は閉まっています。

　ただし、施錠しますと体育をする時どうするのだ、と教員から言われます。「先生いちいち体育の時に扉を開けるのですか」、「そうだ」と言い切ります。「誰が締めるのですか」……、「その辺は曖昧に」と言わざるを得ません。

　あとは休み時間です。休み時間には最初に出てきた教員が開けまして、閉めるのは、学校用務主事（通称「用務員」）です。

＜校舎の窓＞

　窓の問題があります。窓からの転落事故が絶えません。これは結構、年に何回かあるのです。世田谷区でも一昨年、隣の学校で子どもが3階から落ちました。運よく下の樹木がクッションになって、かすり傷一つで済んだことがあります。

　学校の窓ですが、18㎝位しか開きません。私がそのように施工業者に頼みました。転落事故防止です。教員からは、「ノロウイルスで戻した後の教室の空気を入れ換えなければなりません、窓が開かなくて困ります」というので天窓の所だけは開けるようにしました。

　ノロウイルスも昨年位からかなり出ていまして、感染性胃腸炎。今年も先週月曜日2年1組は7人休みです。次の日は3人、次の日は0に減りました。突然出てきますので、窓の開け閉めも重要です。

　防犯カメラ、インターホンの問題等、防犯の問題だけでなく火災もあります。

＜防火シャッター＞

　最近の防火シャッターは難しいです。防火シャッターはいろいろなところに出

来ていまして、気軽に物を置けません。以前は火災が起こった時には、全部のシャッターが降りるように作られていました。今は火災の起こった場所によって、シャッターの閉まり方が違います。そういうことを管理職として覚えていなくてはなりません。それを避難訓練の中に位置づけないといけないのです。そうしないと教員も知りませんから、安全計画を考えていく際、こういう点も落ちていないか確認する必要があります。

＜ユニバーサルデザイン校舎＞
　本校はユニバーサルデザインの学校でして段差が一切ありません。このような学校環境は、今注目されているインクルーシブな学校、すなわち障がいのある子どもや家庭問題、貧困問題など、いろいろなハンディーを抱えているすべての子どもを包摂する学校をめざして、これを進める物的条件の大原則といえます。
　本校には足の不自由なお子さんが２人来ています。１階の昇降口から段差がないので下駄箱から教室へ難なく向かえます。エレベーターを完備しているので各クラスにまで行けます。

＜避難所＞
　つぎは避難所のことです。3.11の東日本大震災の時に本校は避難所になっていました。震災があった日は午後４時半くらいに避難所を開設するため、教員二人を配置し、午後９時まで体育館を開けて待っていたのですが、残念ながら避難所運営委員の人は、一人もやってきませんでした。学校に避難された方があればこうしようと、防災倉庫も準備をしていたのですが、あのときは地域の人の応援は残念ながらありませんでした。
　本校では、防災倉庫を体育館の裏に増設しまして、世田谷区の試算では700人位避難して来るのに対応すると言っています。3.11では私が校長室に泊まったのですが、非常用の毛布を２枚使わせて頂きましたが寒くて寝られません。あの毛布でどうやって寝るのだろうと思っています。

<マンホールトイレ>

　それからマンホールトイレが昨年出来上がりました。10基体育館の裏手にスペースがありまして、その右手に井戸があります。の井戸の水を出しまして、汚水物を流すシステムになっています。

　火事に備えて、このあたりも改良されてきて良いなと思っています。火災におけるホースの扱いですが一人で出来るのです。今までは2人でないと出来なかったのです。ですからここも一人で出来るようになって良かったなと思いました。ホースを引き出して持っていて、手元で操作すればよいのです。

3　学校安全とお金

　つぎにお金の管理についてです。

<学校予算>

　学校は予算で動いております。予算をどう有効活用するかで特色ある学校作りが出来、そして地域の要望に応じた学校づくりを進めていくことになります。各教科の主任の方から、こういうものが買いたいと出てきますが、執行のサイン、必要かどうか吟味してまいります。

<通帳と印鑑など>

　通帳と印鑑の管理もしています。公費会計と私費会計とありますが、学年会計があり、6年生になりますと卒業対策費の関係がありまして、これが5・6年生、2年間で約600万円位預かります。

　これを個人所有の通帳に入れていますと、今年既にありました、職員による隠匿事件です。そうならないように通帳と印鑑を私の方で保管しています。

　また、施設面で不具合が起こった時には直ぐに区と折衝します。校長には区との折衝能力、いかに予算を出してもらうか。この力が不可欠です。

　続きまして施策にかかわる予算の部分。これも重要で、世田谷区では毎日、

半日正門のところにガードマンを付けています。半日です。なぜ1日出ないか分かりませんけど、お金の問題です。

<防犯カメラ設置の不備>
　それから防犯カメラは、7か所に門があるのに4か所しか付けられない、これは財政問題です。防犯カメラは実際に活きる場面がありました。このところ何回かあった事件ですが、千歳烏山の駅から窃盗犯が逃げた形跡があるということで、防犯カメラのＣＤを見せてくれと警察の方が来られました。また夜に不審者が出て、この防犯カメラに映っている可能性があるので見せてほしいと。バッチリ映っていました。このように防犯カメラが学校目的外でも活用されている場合があります。
　指紋認証のパソコン、これも世田谷区の施策ですけど遅かったです。ＵＳＢの紛失事故が続いていたので、もう少し早くほしかったと思います。

<スクールカウンセラー配置の問題>
　スクールカウンセラーは、今学校に、世田谷区予算で週2日、今年から東京都予算のスクールカウンセラーが1日配属になりました。その関係で週2日が週1.5日に減ってしまいました。全体では2.5日と0.5日増えたのですが、学校としてはとてもやりづらいです。
　2人のカウンセラーがいる。本当に難しいところです。スクールカウンセラーも、ハッキリ言って人です。この人たちがそれぞれ自分の考え、自分の信念で動かれては、学校として困ります。そういう面で複数のカウンセラーに、課題があります。

<教職員補助としての支援>
　学校の教職員の支援制度、ここが一番大変なことです。
　理科の時間の理科支援員。実験の時の準備・後片付け、実験の時の補助ですが、教員はこの補助員を使うのを嫌がります。一方、5・6年生の理科全授業に理科

支援員を付けるとなると、残念ながら全時間付けるだけの配当がありません。
　英語活動支援、5・6年生が必修になり、世田谷区は週1時間、合計35時間。35時間のうちの外国のＡＬＴが来るのは9時間、そして英語活動支援員が派遣されているのが10時間、あと16時間はどうするのか。東京都或いは国は、教員がやれと言っています。私は、英語指導を小学校の教員がするのは無茶ではないかと思っています。発音をキチンとやれと言われても、英語の免許のない教員が突然英語を教えることが出来るはずがないです。

＜学習支援とボランティア＞
　それから学習支援というのがありまして、特別支援のお子さんで、どうしても多動のお子さんが、本校全体で10人近くはいます。動き回る、他者に危害を加える。先生の質問に対して一人で勝手に答える、全体で静かに待つことが出来ないお子さんもいる。また、足の不自由なお子さんもおられる。それからボーダーと言われる学習遅滞のお子さんもおられる。学習遅滞のお子さん方には、一体どうやっていくべきか。本校では、学習ボランティアという制度を三鷹市に習って少しずつ始めていっているところです。

4　開かれた学校づくりと校長

　従来は国の政策として位置付けられていましたが、校長独自の施策として考えてきたことは、「開かれた学校づくり」です。
　地域の方々を大勢味方につけないといけません。地域の方々は、足繁く学校に通ってくださっていますと知り合いが増えて、いろいろなところで手助けをしてくださいます。

＜ようこそ先輩、烏北バージョン＞
　本校では、「ようこそ先輩、烏北バージョン」という事業をやっています。年に3回、1日に15人位、60歳を超えた同窓生がやってきてくださいます。それ

ぞれ自分が働いてきたこと、昔の遊びのこと、昔の烏山近辺のこと、いろいろなことをお話ししてくれます。たとえば、お琴の先生ですが、烏山北小学校第1期生卒業です。文科省でも活躍されている方で、そういった方が約10人の5年生と6年生を相手に、お琴の使い方、作法などを教えてくださっています。

今、本校では、先輩だけでなく地域の病院との連携も最近図り出しました。目的は、早期からの健康教育です。

ようこそ先輩

<健康教育>

今、学校教育に必要なことの一つに、子どもの健康教育があると思っています。これをしっかり伝えることが学校の役割だと思っております。地域の久我山病院のスタッフと親しくなり、それ以来3年目くらいになりますが3回、学期に1回ずつですが、時には副医院長の脳外科の先生、時には助産師さんに来てもらい授業をして頂きます。同窓生10名と、久我山病院2名の合計12人位の方が「ようこそ先輩、烏北バージョン」で授業をしてくださいます。地域の方々に見守られながら学習を進め、将来は自分たちも地域を作る人間になってもらいたいのです。

<学習ボランティア>

それから学習ボランティアです。これは一昨年から始めまして最初3人でした。

最初は卒業生の親に限っていました。私の学校に子どもがいない卒業生の保護者の方に学習ボランティアと称して、学習のお手伝いをして頂きました。

その際には、約束事をして頂きます。一つは、知り得た情報は絶対漏らしてはならない。二つ目には、絶対にえこひいきしてはならない。三つ目は絶対に手を出してはいけない。来た時、帰る時には校長室、職員室に挨拶をしてほしい。これらの約束をしまして、今年になって増えまして30人位になってきました。どんどん増え、今では現役の保護者にも学習ボランティアとして参加して頂いています。

学習ボランティア

<学校は地域のもの>

学校は地域のものです。保護者に自分の子どもだけ見てほしくないのです。地域の中の子どもという視点を持って頂きたい。あるいは学校に行くといろいろな子どもがいると知って頂きたいのです。自分のクラスを見ていると他人のマイナス点とか、いたずら坊主のこととか、そっちばかり気になってしまうお母

さんがいるのですね。携帯をチャンチャラ鳴らしてしまうお母さんもいるのです。また隣のお母さんとベチャベチャ話している親もいるのです。私が狙っているのは自浄作用です。保護者同士で自分たちの行動を見直していけるような、防災もそうですが自分たちで自分達を守るという、誰かがやってくれるではない、自分たちで気づき、実践していくのだと。学校には限界がたくさんあるのですから。

＜コミュニティ・スクール＞
　本校は、コミュニティ・スクールになりまして4年目になります。
　そこで独自の施策として、学習ボランティアの地域バージョン『烏北ドリームバンク構想』に運営委員の方々に取り組んでもらっています。大勢の方に登録して頂いています。本校のホームページを開いて頂きますと登録用紙があります。技術面・芸術面で得意な人、どうぞ力を貸してください、或いは木の剪定、樹木を植えるのが得意な人はどうぞ力を貸してくださいなど、『烏北ドリームバンク構想』という取り組みを進めています。

おわりに

　駆け足で私の校長としてのいろいろな場面での管理という、安全管理というところを話してきました。新校舎を設計している段階からいろいろなところが気になり、安全ということをかなり意識して作り、運営しているつもりです。
　いろいろなご意見を頂ければ幸いです。

第 2 部
学校安全を支える制度と今後の展望

学校安全と教育委員会の役割
―体罰、いじめ等と教育委員の活動

櫻井光政
SAKURAI Mitsumasa

1 教育委員会ってなに？
―事務局との混同、混乱と誤解

　私は大田区で8年間教育委員をしました。教育委員の名は知っていても生の教育委員を見た人はなかなかいないのではないでしょうか。

＜教育委員になる＞
　私がどのように選ばれたのか、というところから話したいと思います。弁護士会で仕事をしていると突然電話が入りました。当時の大田区長からの電話でした。「先生、実は教育委員になってくれないか」「私がですか？」「皆が、先生がいいと言っている」と。その時は誰がそんなことを言っているのか分からなかったのですが、おもしろそうだな、自分の弁護士の仕事と両立するのでしたら、多少無理してでも受けたいなと思い、受けさせて頂きました。
　後で聞きますと、当時の教育委員会の次長さんが一生懸命情報を集めていま

した。私の子どもが小学校の時に、私がPTA会長をしていました。そのとき心掛けたのが、学校と保護者の間をうまくつなぐPTAを作ろうということでした。おかげで校長先生からも保護者からもそれなりの評価を頂いたようです。それなら適任だろうということになったとのことでした。そういうことが後で分かりました。

＜教育委員の選ばれ方＞

　教育委員というのは「お手当」が出るんです。いくらくらいかといいますと、大田区で当時月25万円です。その後公務員給与の引き下げがありましたので、少し下がったと思いますが、東京のどの教育委員でもだいたいそのくらいの報酬を得ています。そのくらいの働きをしろよということです。そのように区長が一本釣りするのはどう？という意見もあります。私は、昔は公選論者でした、中野区のような。選挙で選べなんて思っていましたが、昨年の衆議院選挙や今年の都知事選を見ると選挙はそう良くない、「民意の反映」といいますが、民意の浮気でうつろいやすいことを考えますと、支配政党が変わるとがらっと変わるというのは良くない、と思うようになりました。じゃあ首長がえこ贔屓で選ぶのとどちらがいいかと言いますと、なかなか難しいですけれども、首長が民意で選ばれるのであれば、それとは別の選ばれ方でも良いのではと思うようになりました。

　それでは、名誉職的になるじゃないか、という意見もあります。実際害悪も大層多い。けれどそれが選挙で選ばれたら良くなるかというとそうじゃない。

＜教育委員会と教育委員会事務局との混同＞

　さて、教育委員がいてそれが教育委員会を構成します。その委員会の名前で教育行政が行われます。名前だけは教育委員会ですが、ほとんどの事務は教育委員の知らないところで事務局が動かしています。だから教育委員会は「なくていい」と言われます。けれど実際は、教育委員会の委員が問題なのではなくて、事務方の教育長以下の教育行政が問題なのです。

首長とつながった教育行政が問題になることが結構多いのです。
　私は教育委員でしたが、私の知らないところで「教育委員会」の名で出されている指示とか命令とか山ほどありました。ですから、私が在職しているときは「なるべく多くの情報を私たち委員にください」とお願いしました。教育委員会事務局は「細々したことでわざわざ委員の先生方のお手を煩わせるのは申し訳ない」と言いましたが、「いやいや、それをするのは僕らの仕事ですから、学校のこまごまとした揉め事であっても何でも言ってください」、「なるべくたくさん情報を下さい、とくにトラブルであればどんな小さなことでも情報をください」とお願いしていました。それが教育委員と事務局の関係なのです。
　教育委員会は、広義では、大きくこの事務局を含めたものが教育委員会なのです。委員の会議、これが狭義の教育委員会です。同じ「教育委員会」が、狭義の教育委員会なのか事務局を含めた広義の教育委員会なのか、その区別が難しいです。教育委員会の意思というのが実は狭義の教育委員会の意思が反映されていなくて、教育長以下の事務局の意向であることが多いのです。

＜教育委員会の事務局の意思が社会問題化＞
　教育委員会がとんでもないことをする、だから教育委員会などなくしてしまえというその教育委員会は、実際にはこの事務局の意向ということが多いです。
　たとえば松江の「裸足のゲン」事件。教育委員会が閲覧制限を決めたと言われましたが、この場合の教育委員会は狭義の教育委員会が決めたのではなく、教育長以下の教育委員会事務局が決めたことなのです。それを教育委員会の決定と言っているのです。後に適正な手続きを踏んでいなかったということで撤回されましたが、それは教育委員に諮ることなくこんなことを決めたからです。
　こんなこともありました。町田市では小学校に入る子に毎年防犯ブザーを配っていました。朝鮮学校の子にも配っていました。ところが昨年同市の教育委員会が決定して、朝鮮学校の子には配らない、と。独裁国家で危険なミサイルを飛ばすような国家と仲良くしている学校の１年生には防犯ブザーは要らない、という決定をしました。非難囂々でしたが、これも教育委員の面々は関わって

いないのです。事務局が、それも教育長の了解のもと、総務課の課長が勝手に決めたことでした。

　もう一つ。大津のいじめ自殺事件。

　あの事件でいろいろなことを言ったりやったり、またやるべきことをやらなかったりしたのは教育長です。教育委員会を開いて議論するのではなく教育長が教育委員会の名でこれをやっていました。全部「教育委員会」の名前でされてしまうのですから、これを聞いて、みんながあんな教育委員会なんかない方がいいというのは当たり前です。でもこれは、教育委員からなる教育委員会が駄目なのではなくて、教育長以下の事務局が駄目なのです。首長とつながっている行政が問題となる場合が多いのです。

＜事務局批判が教育委員会批判に＞

　今の時期、教育委員会についていろんな動きがありまして、今まで以上に真面目に考えなければならない気がします。「教育委員会が形骸化している」とか、「だから教育委員会は不要だ」、みたいな議論がされてきましたが、とんでもないことです。

　「この車はブレーキの利きが悪いからブレーキなんか取っちまえ」と言われれば、そんな馬鹿なことを言うなとなりますが、教育委員会についてはなかなか「そんな馬鹿な」ということに気付いてもらえません。

　教育委員会をなくそうとか、名称を変えようというのはさすがに文科省も行き過ぎだと考えたようですが、それでも、教育委員からなる狭義の教育委員会の権限を縮小し、他方で首長や教育長の権限は強化することになりました。

　私の就任当時の大田区の教育委員会の構成はどうなっていたかというと学校医・民生児童委員・区立小学校の校長を歴任し今私立学校校長をやられている方・私・弁護士でした。それに区職員の教育長です。お手当はもらっていますが、「首だ」と言われても生活に困らない方々です。そうでない人ですと、首長に「君こうしたら」と言われれば「へへーっ」てなっちゃいます。それが僕らは素人だから、また役所から給与をもらって生活しているのではないから、思ったこと

を何でも言える。そういう教育委員会にしていこうと委員たちでよく話していました。「自分の得意分野で区の教育に貢献していこうよ」とよく話していました。戦後改革期に、教育委員会制度が法制化された際には、そういった意図があったと思います。もともと上意下達的なところの強い国民性ですから、そうでないように、外部を入れて多様性を得よう、バランスを取ろうというのが教育委員会の趣旨でしょうが、そこがないがしろにされようとしているのが、昨今の動きです。

2　教育委員として、こんな活動をしました

　専門性を発揮し生かした活動と言いました。弁護士としての私が、教育委員としてどんなことをしたか、いくつか紹介しましょう。

＜少年暴力事件＞
　私が就任して間もないころ逮捕された中学生がいました。教育委員会の会議の時間に事務局が入ってきまして、「実は……」と。暴力事件で中学2年生の子が逮捕された事件で、家庭に問題があるという。いい付添人弁護士がついてほしいと思っていました。誰もつかなかったら自分がつこうと思いました。
　接見にゆくと今当番弁護士を呼んでいる、まもなく来る、とのこと。それではのちほど親と弁護士に話を聞きましょうということになりました。その日の夜に当番弁護士から連絡が入りましたので「どうぞよろしくお願いします」とあいさつしました。教育委員の中では教育委員がそこまでやるのかと話題になりました。でも、親は子どものために教育委員が接見に来た、教育委員が会いに行って説教してくれたと恐縮し、子どもも深く反省していました。

＜学校給食費の滞納問題＞
　それから給食費の滞納問題がありました。マスコミで大々的に報道されましたので、事務局に「うちの区はどうなんだ」と毎月の会議で報告を求めること

にしました。報道はバッシングで、「給食費を払わない親はけしからん！」、みたいな論調でした。けれど払いたくても払えない親もいるはずで、そこをちゃんと分けなくてはいけない、報告を受けて丁寧に対応しようと決めました。うっかり引き落とし口座にお金を入れ忘れてしまった方にはしっかり請求すれば、あ、ごめんと対応してくれる。それは大きな問題にするべきではない。それから生活困窮者が中には多い。払うに払えない人。とすればこの人たちには「払わなくともいい」というふうにしなければいけない。

そうすることで「未納の率」は下がるのですね。ごく少数でも悪い滞納者がいたらそれは厳しく請求しましょう、家庭訪問もしましょうとなりました。結果滞納率が大いに下がりました。こんなつまらなそうな仕事もやればやりがいがあります。

行政はそこまで立ち入っていいのかとか、および腰になることもあるのですが、私たちとしては積極的に立ち入ることで全体として改善する、当該の親御さんたちも改善してゆくという認識であります。

＜体罰問題と保護者対応＞

教育委員として学校に対する支援も行いました。とくに保護者からのクレームの対応。中にはモンスターペアレントといわれるケースもあります。クレームを全部そう決め付けてもいけませんが、そういうのもあります。

たとえば学校の先生方が体罰を加えた事件がありました。

「そんな危険な学校にもう通わせられない」、と親がそう言って子どもを通わせなくなった。聞いてみると、その生徒が、危険な工具か何かで他の子を叩くなどしかけたのであわてて先生が引っぱたいた、そういうことらしい。体罰は体罰でも、その子に問題がある。それを一方的に子どもが被害者ということにはならない。けれどもその親は、暴力的な教師がいる学校には行かせられない、と言い張る。これにシンパシーを持つ親を巻き込んで、学校が混乱したことがありました。校長も困ってしまいました。

そこで校長にこうアドバイスしました。「全校集会を開き、まず体罰をした教

師に全保護者に対して謝罪をさせてください」「校長先生は、体罰に至った顛末を説明して、全校に謝罪してください」。そうすることによって、大事(おおごと)にさせないで済むのです。情報をオープンにして応分の責任を負う姿勢を、全校の前で明らかにしてくださいと話しました。そこで全校の集会を開いて、教員に謝罪をさせて、校長が謝罪をしました。すると、集会で保護者の方から手が挙がりまして、「その子が悪いんじゃないか」「それは、先生も悪いが、その子が悪いのではないか」という意見が出ました。そこから、「行き過ぎた面はあって、そのときに手をあげたことは悪いけれども、全体としてはよくやっている」といった感じで、学校を応援する声がとても強くなって、会の空気がガラッと変わりました。「体罰教師を学校がかばっている」いう雰囲気がなくなっていったのです。

　それ以降、なにか事故が起きたときには、情報をオープンにしよう、どこがまずかったのかを分析して積極的に明らかにすることによって信頼を勝ち取っていこう、というような姿勢をとるということを、学校に対しては勧めてきました。

＜地域、PTA対応＞
　それから、近隣対策も行いました。子どもたちの運動会の練習の声がうるさいだとか、ボールが飛んできて屋根の瓦が割れただとか、そういったことへの地域対応も行いました。

　ＰＴＡに対する支援としては、いろいろ話をしに行くなどして支援しました。特に、ＰＴＡのまとまりが良いと学校の雰囲気も良くなるのですね。ところが、声の大きい変な人が引っ張ってしまうと、すごく雰囲気が悪くなります。対立を煽るのが好きな人がいるのです。善対悪といった薄っぺらな正義感で割り切る人が。子どものケンカもそうです。どちらかがケガをした場合に、善対悪の構図で見ればそれでよいのか。これは、いじめに対する対応・考え方とも似ています。とくに、全体を教育の対象として見ないのですね。どちらが悪い、誰が悪いかを考える。悪い奴は一方的に悪くて、何をやられてもいいのだという考え方に陥りがちなのですが、そうではない。そういうことを分かってもらうため

に、いろいろ取り組んできました。

　その意味では、素人だからこそやれると言いますか、役人ではないからこそやれるような応援の仕方があって、私は、様々な職業の人が教育委員になって、それぞれの職業なりの知見を生かしながら教育行政を良くするということに関与していくとよいのではないかと思いました。中に入ってみて、私は教育委員会というのはなかなか良い制度だが、きちんと動かなければ意味がないと思いました。

3　いじめ問題に取り組む

　つぎにいじめ問題について考えていきたいと思います。日本では、いじめ防止対策推進法が2013年に制定されました。

＜いじめ防止対策推進法について＞
　これはとても良いことだと思います。言葉にして宣言することは、とても大きいです。ＤＶもそうですし、セクハラもそうです。そのような言葉がないときには、なんとなく「そういうものだ」「良くないことだけれども、そういうもんだ」となってしまうのが、「これは悪いことですよ」「セクハラは悪いことですよ」「ＤＶは悪いことですよ」と言うことで、言葉で人は考えますから、認識も深まってくるのですね。いじめについても、「いじめは良くない」と宣言すること自体に意味があると思います。

　いろいろ不備な点がある法律ではありますが、いじめは国をあげて、学校をあげて、省庁をあげてなくしていこうと宣言することは、意味があると思います。ただ、そのような意味のある宣言をどう生かしていくかが大事になってくると思います。

＜いじめ加害者への厳罰で良いのか？＞
　そもそも、いじめの問題が大変な問題であるという議論が強く起こってくるのは、誰かが亡くなったとか自殺したとか殺されたとかの大きな問題が生じた

ときです。だから「これをなんとかしなければ」となる。すると勢い、いじめた子どもを厳しく処罰するだとか、学校から排除しようだとか言う議論になってきます。だけれど、それだと実は全然ダメなのですね。しかも、犯罪に至らないような小さないじめ、けれどもいじめられる方にすると大変に傷つくいじめというものもあります。そういった問題は警察に頼ることもできない。そうではなく加害児童も教育していく、むしろ加害児童にこそ教育の力を注ぐことが求められているという視点が、法律上も弱かったです。助けなければいけないのは、被害児童はもちろんですけれども、加害児童生徒とされる子ども、それからその家庭、困難を抱えていることがとても多いですから、そこに対してきちんとした手当をしていかなければいけないのです。

＜いじめに対するルールづくり、授業づくり＞
　横浜の方の学校では、積極的な取り組みをしている学校が出てきています。学校によっては学校独自のルールをつくろう、生徒にいじめについての規則を作らせようという動き、そしていじめについて考えさせる授業を並行して行う動きが起きつつあります。いじめについての授業も、ただ「いじめは良くない」というのではなく、「これはいじめなのか、いじめにつながる限界事例なのか」などを議論する。「なんとなく疎遠になって避けるようになった、避けられるようになった」そういうような事例でどうすればよかったのか。ロールプレイしながら議論する、子どもたちに考えてもらう。そういうプロセスを通じて、この生徒会ではどんなルールをつくっていくか子どもたちに議論させる、その中で子どもたちの中でいじめについて認識が深まっていく。教員たちもそのような子どもたちの様子を見て自信を深めていく。
　そのような過程で生徒は生徒でルールを作る、自分たちで作ったルールですので子どもたちには自負があります。気概に燃えて自分たちでいい学校を作っていこうということになります。同じことをするのでも、上から押し付けでするルールと自分たちで考えながら作ったルールというのは違う。大きな違いだろうと思います。

おわりに―被害者救済と学校支援

　「ストップ！いじめプロジェクト」というプロジェクトがあります。その中に弁護士チームというのがあって、私もそこに関わっています。その取り組みをいろいろな学校に広げていじめに関しての弁護士の取り組みが進んでいます。注意しないと「被害者救済」の目線だけで行われるということです。そのことは大事なことですが、被害者救済、法的救済というところと学校をどうするかという点は少し切り口が違うものですから、うまく役割を果たしながらやっていけばいいな、と思っています。

子どもの主体性尊重と学校の防災
──東日本大震災に学ぶ「学校安全」の視点

堀井雅道
HORII Masamichi

　2011年3月11日に発生した東日本大震災から早くも5年が経ちます。世間では景気回復が叫ばれ、東京をはじめ首都圏では2020年の東京オリンピックに向けた動きが出てきていますが、被災地域の復興や復旧はまだまだ途上です。むしろ、東京オリンピックの開催に向けた動きは建設・土木関係者の不足を招き、被災地域の復興や復旧の妨げになっているという声さえ聞こえてきます。このような中、東日本大震災で被災した人びとにとっては現在進行形で苦しみと悲しみが続いています。

1　東日本大震災における子どもの被害

　東日本大震災による人的被害は警察庁の発表（2016年3月10日）によれば死者数1万5894名、行方不明者数2561名となっています。そして、幼稚園生から高校生までの子どもの被害者は文科省の発表（2014年9月14日時点）をもとに算出すると567名にのぼります。特に、後述の宮城県石巻市立大川小学

校は大地震後の津波により、児童74名と教職員10名が死亡・行方不明になり耳目を集めました。

　このように東日本大震災は学校管理下における子どもの安全問題をあらためて問いかけるものとなりました。というのも、東日本大震災は日本が近年に経験した阪神・淡路大震災（1995年）や新潟県中越地震（2004年）とは異なる状況で発生したからです。すなわち、阪神・淡路大震災は1995年1月17日の「早朝」（午前5時46分）に、中越地震は2004年10月23日の「祝日」に発生したのですが、東日本大震災は金曜日の午後2時46分という「平日」に、しかも「日中」に発生したという点で他2つの震災とは異なるわけです。つまり、多くの子どもが学校にいて、多くの学校が教育活動を実施している時間帯に発生したのです。そこで、この大震災を契機に、「学校安全」の中でも災害安全—学校の防災—の在り方があらためて問われるようになったのです。

＜学校で子どもの安全を守る法的責務＞

　さて、学校管理下において、子どもの安全を守るのは当然ながら学校（教職員）と教育行政の責務です。なぜなら、学校は子どもの教育を受ける権利（日本国憲法26条1項）を保障する制度的機会だからです。もっといえば、学校を含む教育は子どもの能力を可能な限り成長、発達させ子どもの未来を拓くいとなみであり、学校が安全でない状態はその真逆の作用を子どもに及ぼしかねないからです。だからこそ、学校と教育行政には教育の前提もしくは絶対の条件として「安全」な教育環境を整備していくことが責務として求められているのです。

　具体的な法的責務については2009年4月に施行された「学校保健安全法」において明らかにされています。たとえば、事故や災害等が発生した場合に、学校がどのように対応すべきかを明らかにした「危険等発生時対処要領」（いわゆる危機管理マニュアル）を作成すること（法29条1項）、校長はそれを教職員へ周知させるとともに、訓練を実施すること（法29条2項）が定められています。この他にも、学校施設・設備の安全点検や子どもへの安全指導、教職員研修などを含めた「学校安全」に関する計画の策定とその実施も義務付けられ

ています（法27条）。

　以上の法にもとづくと、学校の防災についていえば、防災設備の点検や修繕、さらに避難訓練や防災学習等の計画的かつ組織的な実施を通じて、災害発生時の被害を可能な限り防ぎ、小さくしていくこと—いわゆる防災や減災—と、災害発生時の対応マニュアルの作成と周知を通じて、万が一に災害が発生した場合に適切に対応できることが求められています。

＜石巻・大川小学校の惨事＞
　ところが、前述した通り、石巻市立大川小学校では東日本大震災の津波により、多くの子どもと教職員が犠牲となる惨事がありました。この学校では以上の法的責務は果たされていたのでしょうか。
　この点につき、「大川小学校事故検証報告書」（2014年2月・大川小学校事故検証委員会）によれば、同校には震災発生時にマニュアルはあったのですが、「津波を想定した避難行動や三次避難場所の検討等はなされなかった」と指摘されています。また、三次避難先について明記はされていたものの、具体的な場所や避難経路などについては、子どもや教員の間で「その認識が共有されていたとは言い難く」、また、震災以前から同校では「必ずしも常に教職員全員が災害対応マニュアルの内容を把握している状況ではなかったとみられる」などと指摘されています。
　そして、このような事情もあってか、実際の被災時の状況については校舎から校庭（二次避難先）へ避難後、約40分間とどまった後、「校庭からの三次避難として、三角地帯への移動が決定され」、子どもと教職員は三次避難先へ移動する際に津波に巻き込まれたことが報告書で明らかにされています。
　つまり、報告書からうかがえるのは、法的責務であるマニュアルはあったものの、その内容面について「具体性」（特に学校以外の避難先・避難場所の指定）がなかったことと、「実効性」を持たせるための教職員に対する周知や研修、子どもに対する避難訓練を含む「防災学習」について課題があったということです。なお、この事故については、前出の「報告書」のほかに、現在、被害者の遺族

が同校を設置管理する石巻市を相手に損害賠償請求訴訟を提起しており、裁判は 2016 年 3 月現在も継続中です。

津波の被災に遭った大川小学校の旧校舎

2　学校と地域の特色に根ざした防災の必要性

＜陸前高田市の学校の事例＞

　石巻市の大川小学校の惨事があった一方で、学校における子どもや教職員の命が助かった事例もあります。2つの事例を紹介したいと思います。

　ひとつは岩手県陸前高田市の中学校の事例です。陸前高田市はあの日の津波によって、市役所をはじめ市内の中枢部を失い、死亡者・行方不明者は 1761 名（岩手県調べ・2016 年 2 月 29 日現在）にのぼるなど甚大な被害があったところです。

　このような被害状況の中、陸前高田市立気仙中学校は震災時に学校にいた子どもと教職員全員が無事でした。この中学校は震災時、広田湾に面し同市を流れる気仙川河口の海抜 5 メートルに立地していました。このような立地から、この中学校はあの日の津波により 3 階建ての校舎の 3 階部分まで被害が及びま

した。それにもかかわらず、学校にいた子どもと教職員が無事だったのです。この背景には、震災前からの防災への取組と、震災発生時の迅速な判断と行動がありました。そして、この学校における防災の契機には校長の危機意識がありました。震災当時の越恵理子校長は岩手県でも内陸部出身で、この中学校に赴任した時から海があまりに近すぎることに不安を覚えたといわれています（河北新報 2011 年 12 月 19 日付）。そこで、避難場所と避難経路の見直しに着手したのです。

広田湾（写真左）にのぞむ被災した気仙中学校の旧校舎（同右）

　具体的には、震災前には津波が来た場合の避難場所は学校近くにあった旧博物館の駐車場とされていましたが、校舎と同じ高さのこの避難場所だけではという危機意識をもとに、周辺の地理を調べ、高台へと続く避難経路を確認していたのです。まさに、法で求められる災害発生時の対応マニュアルの見直しを行っていたのです。また、これに加え、避難訓練と合わせて防災学習を行っていました。陸前高田市は 1960 年にも「チリ津波」により被害があったのですが、この出来事を実際に経験した地域住民を講師として招き、当時の津波発生時の状況や対応方法などを話してもらったのです。このような防災学習を通じて、

子どもや教職員の防災に関する知識と意識を高めたのです。

そして、東日本大震災の発生時、この中学校には生徒86名と教職員がいたのですが、一度は駐車場に退避し、防災学習の中で地域住民が津波の来る前兆と話していた気仙川の川底が見えたため、あらかじめ確認していた避難経路を通じて高台へと避難して全員が無事だったのです。

この事例から学ぶべきことは、まさに学校と地域の特色に根ざした防災の必要性です。すなわち、学校と地域のこれまでの災害の歴史や地理的状況など特色をふまえた学校の防災の在り方が求められているのです。また、防災は学校安全の基本的な構造と同様に、避難場所・避難経路の設定と確認を含む防災計画やマニュアルを整備するという管理面と、子どもや教職員に災害に関する知識や行動を学ばせる防災学習や避難訓練等を実施するという教育面を通じて展開していくことが必要です。そうでないと、実際に活かせる防災にはつながらないのです。

ここで述べた陸前高田市の事例では、校長の問題意識を出発点に過去の災害の歴史と地域の特色に向き合った防災学習や避難経路・避難場所の設定があったからこそ、震災発生後のすみやかな判断と行動につながったのです。もし、このような学校と地域の特色に根ざした防災がなければ前述の大川小学校のような惨事につながっていたかもしれません。

というのも、震災前までの学校の避難訓練をふりかえってみると、地震の場合には教室において机の下にもぐるなどの避難行動（一次）を経て廊下に整列し、校庭へ移動（二次）して子どもを点呼・確認して待機させ、保護者に引き渡すというような方法が一般的だったと思います。ところが、このような一般的な方法では学校の立地が必ずしも安全上、課題がある場合には対応できないのです。すなわち、学校の校庭以外の避難場所（三次）、さらにそこでも安全上問題がある場合には他の避難場所をあらかじめ決め、それが実際に移動可能であるかも考えておく必要があるのです。

この点は津波災害に対しては特に求められるものです。なぜなら、今回の震災をみると地震発生後の30分から40分後には津波が到達してしまうからです。

避難時間という点で捉えると、一般的な校庭への避難行動までどれぐらい時間がかかるのか。それは学校の子どもの特性（子どもの年齢による体力、障害のある子どもの有無など）や人数をはじめとする特色によって左右されるでしょう。また、校庭以外の避難場所や避難経路をあらかじめ確認、設定しておかなければ、次の避難場所を考え行動するまでに時間がかかります。このように考えると、少しでも時間を短縮するためには、学校と地域の特色をふまえた事前の備えが必要不可欠なのです。文科省の調査（2014年5月1日現在）によれば、全国の公立学校（幼稚園〜高等学校・特別支援学校）の2860校が津波による浸水が想定されるといわれており、学校と地域の特色をふまえた防災の見直しが迫られています。

<学校の防災の見直しの視点—釜石市の事例から>

　さて、もうひとつの事例としてとりあげるのは岩手県釜石市の事例です。岩手県釜石市も市内の中心部をはじめ津波による甚大な被害がありました。釜石市全体の人的被害は死者・行方不明者を合わせて1040名にのぼっています。そして、学校については3校で全壊の被害がありました。それにもかかわらず、同市には震災当時、小学生1927名と中学生999名がいた中で、学校管理下における犠牲者が全くいなかったことで、マスコミによる報道を通じて「釜石の奇跡」として注目を集めました（残念ながら学校を欠席した等の理由で5名は犠牲となっています）。

　この「釜石の奇跡」とよばれる背景には同市が学校の防災教育に積極的に取り組んできたことがあります。なかでも、校舎が津波で全壊した同市の鵜住居地区の釜石東中学校と鵜住居小学校は隣接しており、震災発生時にそれぞれ子どもが学校内にいたのですが、その全員が安全な場所へすみやかに避難をして無事だったことと、そこには子どもの自主的な判断と積極的な避難行動があったことから注目されました。具体的には中学生が自主的に判断して避難行動を開始し、あらかじめ決めていた避難場所へ避難したこと、小学生もこの中学生の行動をみて避難を始めたこと、さらに中学生が避難先も土砂崩れで危険ではないかと進言し、これを受けて他の場所への避難を始め、その際に中学生が小

子どもの主体性尊重と学校の防災

釜石市の鵜住居地区の学校被害

学生の手をひいたり、保育園児などを抱きかかえたりするなど他の人たちの避難を支援したことなどがあげられます。

　中学生がこれらの行動をできたのはなぜでしょうか。それは釜石の防災教育に以下の三点の特色があったからだと考えられます。

　第一に、釜石東中学校では2009年度から全校防災学習を展開していたことです。たとえば、小中学校合同避難訓練や登下校時避難訓練を実施したり、防災マップや安否札（心配して帰宅した家族などに避難したことを知らせるために玄関先にかけておく札）を作成したりするなどをしていました。これらの取組はとても示唆に富むものです。たとえば、小中学校合同避難訓練は小中学校が隣り合わせに立地していることから、実際に災害が発生し、両校の子どもが一斉に避難した場合に学校以外の避難場所に収容可能であるかなどの課題を確認する意味があります。また、登下校時避難訓練は災害が必ずしも子どもが学校にいる時に起こるとは限らないことを想定し、子どもが自分の判断で避難行動できるようにするためのものです。そして、安否札は保護者の留守中に災害が発生した場合を想定して、子どもと保護者がそれぞれ安心して率先して避難行動させ

113

るためのものです。これらの取組はこれまでの固定化された避難訓練を中心とする防災学習の改善を図るために、「想定」と「実効性・実現可能性」の視点を与えてくれています。これらの視点は防災（災害安全）のみならず、「学校安全」全般の改善を図る上でも有効だと考えられます。

　第二に、以上の釜石市の防災学習が「自分の命を自分で守れる」とともに、「助けられる人から助ける人へ」をテーマにしていたことです。この意義は従来の学校における避難訓練にみられるような子どもをおとなから「守られる」存在としてのみではなく、子ども自身が自分や他者を「守る」存在として捉え直したことにあります。その成果が震災当日の子どもの行動につながったのです。なお、このような防災学習の背景には、群馬大学災害社会工学研究室の片田敏孝教授の知見があります（同氏著『人が死なない防災』集英社新書などを参照）。同氏は「津波三原則」として、さまざまな想定をふまえた防災学習の上で、「想定にとらわれるな」「最善をつくせ」「率先避難者たれ」を提唱していますが、震災発生時の子どもの行動はまさにそれらをもとにした防災教育の成果を体現したものだったのです。

　そして、第三に、釜石市が震災以前から積極的に「防災学習」（防災教育）に取り組んできたことがあります。釜石市では2004年から過去に津波に被災した同市の歴史をふまえつつ、前出の片田敏孝教授の協力を得ながら、震災と津波の被害を想定した取組を展開していたのです。そして、震災前年の３月には市内の教員が協力して「津波防災教育のための手引き」を作成しています。この手引きの特色は、小学校と中学校における教育課程（カリキュラム）において学年や教科に応じてどのような津波防災教育が可能であるのかにとどまらず、それぞれの授業（指導）例や教材例、資料（動画像）も含めて具体的に示されていることです。たとえば、小学１・２年生では生活で「学校や自宅周辺の避難場所を知る」、算数で「津波の特徴を知る」をテーマにした授業例や、中学生になると、理科で「地震・津波のおき方を知る」、道徳で「語り継ぐ責任」をテーマにした授業例が示されています。この手引きは子どもたちの津波に対する意識と知識を高めるような内容になっているのです。また、この手引きの意義は

教員が作成に協力しているからこそ、実際に教育課程上で実施が可能な防災教育が示されていることにあると思います。いいかえれば、具体性と実効性を兼ね備えた防災教育が示されているのです。大地震と津波が想定される中、防災教育をしてほしいという学校教育への社会的要請が高まりつつありますが、さまざまな要因により多忙な教員にとって防災教育の授業や教材を最初から開発することはとても困難だと思います。そのような意味で、この釜石市の手引きは今後、津波の浸水が想定される地域と学校にとって大いに参考となるものだと考えられます。

3　東日本大震災に学ぶ「学校安全」の視点と展望

さいごに、東日本大震災に学ぶ「学校安全」の視点と展望について三点をあげたいと思います。

第一に、地域の学校という視点です。1990年代半ばより保護者や地域の人びとが学校運営に関与する「開かれた学校づくり」が提唱され、今日ではその理念が進展した形で"コミュニティ・スクール"（学校運営協議会制度）として浸透してきています。「学校安全」との関係でいえば、2001年の学校への不審者侵入事件を契機とする学校の防犯問題の際に物理的な開放面の問題のみを捉えて、学校を地域から遮断するべきだという論調がみられました。しかし、学校を閉ざすことにより地域から切り離すことは誰が不審者であるかもわからないような人と人とのコミュニティの希薄化を招き、むしろ安全や人びとの安心にはつながらないのです。また、防災との関係でいえば、学校や地域の特色（災害の歴史、安全な場所など）を知り尽くしているのはそこに暮らす地域の人びとであり、そのような人びとが学校の防災に関わるのはここで述べた陸前高田市の防災学習の事例のように有効だと考えられます。また、この考え方は大規模な災害の発生後に、学校が避難所に指定され開設しなければならない状況になった際にも重要です。学校の避難所の運営の在り方は地域によってさまざまですが、基本的には地域に住む人びとにより開設運営できるようにしておくことが必

要です。この理由は教職員の本務は教育とそれに付随して子どもの安全を守ることであるとともに、大規模な災害はいつ起こるかわからないからです。東日本大震災は平日の日中に発生したことで、教職員が業務外であるにもかかわらず積極的に避難所の開設運営を行ったところも多かったといわれています。しかし、もし大規模な災害が休日や夜間など教職員がいない日時帯であれば、当然ながら保護者を含む地域の人びとが自主的に避難所を開設しなければなりません。その場合、地域の人びとも防災備蓄倉庫をはじめ学校の施設と設備について、ある程度知り、いざという時に使用できるようにしておく必要があるのです。このように学校と地域の防災という意味でも、保護者や地域の人びとが学校運営に参加する"コミュニティ・スクール"などの取組を進めていく必要があります。なお、2015年12月に文科省（中教審）はこのような取組を全国の学校で進めていく方向性を示しています。

　第二に、子どもの主体性を尊重した安全学習の展開です。釜石の防災学習の特色のひとつは前述したように子どもを単に守られる存在から、自分と他者を守る防災の主体として捉え直したことです。子どもは将来的には社会の一員として自立していく存在になります。このことは教育基本法にも教育の目的として示されている通りです。このように考えると、教育においておとなから「守られる」だけの経験だけではなく、将来に向けて、自分の身を自分で守る、他者を守るための知識や行動を身につけていく学習機会と、そこにおける子どもの主体性の尊重が求められるのです。なお、子どもの主体性を尊重する教育活動は1990年代半ばに登場し、今日においても学校教育の中心的な目標となっている子どもの「生きる力」の育成にも通じるものです。「生きる力」とは文科省の学習指導要領では「自ら考え、主体的に判断し、行動し、よりよく問題を解決する資質や能力」などと示されています。まさに、防災を含む安全教育・学習においても、子どもの考える力（思考力）、判断する力（判断力）、それをもとに行動する力（表現力）を育めるような内容と方法が求められています。おりしも、今日、文科省は今後の教育の在り方について学習者が主体的に学ぶのできるような"アクティブ・ラーニング"の必要性を唱えています。

このような考えの上で、子どもが防災のみならず「学校安全」に関する知識や意識を高めていける機会を教育課程上に位置づけていくことが必要です。というのも、これまで防災（災害安全）でいえば避難訓練、交通安全でいえば交通安全教室などと一過性の行事のように行われてきたところが多いと思います。しかし、自分や他者の命の尊さや命を守るために必要な知識や行動は、一朝一夕では子どもに身につかないでしょう。このように考えると、教育課程上に位置付け、継続的に安全教育・学習を展開していくことが求められるのです。なお、2001年に不審者侵入事件のあった大阪教育大学付属池田小学校は先駆的に教科として「安全」を創設し実践しています。この他に、ＷＨＯ（世界保健機関）によるＩＳＳ（International Safety School）の認証を受けた、安全教育・学習を積極的に展開する学校も少しずつ出てきています（2016年3月現在で23校）。このような先駆的な事例に学び、積極的に安全教育・学習を展開させていくことが期待されます。

ISS認証取得に取り組む小学校の学習活動
委員会活動で子どもが学校内のけがの傾向を分析

第三に、教職員の「学校安全」に関する知識と意識の向上です。ここで述べた東日本大震災における事例をみてもわかるように、教職員の「学校安全」に関する知識と意識は学校の安全(管理)体制の構築と安全教育・学習の展開にとって必要不可欠です。ここでは防災を中心に述べましたが、学校における事故は年間約100万件以上も発生しているのが現状です。このような事故の中には裁判に発展するものがあり、判例において教職員には学校における教育活動について安全配慮（注意）義務などがあることがたびたび示されています。また、前述した通り、学校保健安全法には明確に学校の法的責務も定められています。このような義務や責務を果たしていくためには教職員の知識と意識は必要不可欠です。ところが、これまでそれらは教職員の経験や研修を通じて修得・向上してきたのが実態です。いいかえれば、学校・教職員には学校安全について一定の義務や責務がありながらも後付け・野放し状態だったといえます。そこで、今後は教職員の養成段階から学校安全に関する知識の修得と意識の向上を図っていくことが求められます。この点については、震災から1年後に策定された国の「学校の安全に関する推進計画」（2012年4月27日閣議決定、計画期間2012年〜2016年）においては、「教職を志す学生への学校安全教育」を検討していくことが示されました。そして、文科省が2015年12月に示した教員養成の在り方に関連した答申では、学生が教職員免許状を取得するために必要な「教職に関する科目」の「教育に関する社会的、制度的又は経営的事項」について、「学校と地域との連携及び学校安全への対応を含む」と見直しイメージが示されています。

　「学校安全」の向上により子どもの教育を受ける権利がこれまで以上に保障されていくためには、以上の視点にもとづく取組が着実に実施、展開されていくことが切に求められています。

子どもの最善の利益と
"みんなの学校安全" 法制
――文科省指針を活かす

喜多明人
KITA Akito

はじめに――なぜ、「みんなの学校安全」にならないのか

　2012年7月、「自殺の練習」などのいじめの事実が共同通信によってスクープされて、大津いじめ自死事件が発覚（自死事件は前年10月11日朝）し、学校、教育委員会と遺族、子ども・保護者との齟齬の問題、世論を背景にして言えば、学校、教育委員会への不信感が表面化しました（共同通信社社会部デスク：名古谷隆彦「人間存在への興味と関心――大津の中2男子いじめ自殺を取材して」近藤庄一・安達昇編『いじめによる子どもの自死をなくしたい』学文社、2014年、を参照）。

　せっかく多くの生徒がアンケートに協力して、過酷ないじめの実態や「自殺の練習」という衝撃的な事実などが明らかにされていたのに、なぜ、学校や教育委員会はその事実を隠して、「いじめと自殺との因果関係は不明」という結論になってしまったのでしょうか。

　なぜ、学校や教育委員会は、かくも事故の原因究明をあいまいにしてしまう

のか。この傾向は、全国的なものであって、けっして大津は例外ではありません。

重大事故が発生したときには、必ずといってよいほどに、全国どこでも学校、教育委員会の関係者は、「二度と同じような悲惨な事態にならないよう、再発防止に努めたい」と言う。しかし、実際には、その言葉が空虚な響きに聞こえてしまうくらいに、地域ぐるみ、学校ぐるみで再発防止、学校安全の取り組みがなされたという事例は少ないのです。

子どものかけがいのないいのちを大事にして守ること、学校事故の再発防止、学校安全について、学校も教育委員会も、遺族・保護者、子どもたちや地域、市民も、同じ目線に立って、みんなで学校の安全を支え合っていくこと、それは、いのちを大切にする人間社会として当然のことですが、日本の学校ではできない。学校がなぜ、そんな社会になってしまったのでしょうか。

なお本稿では、なかなかそういう実践が展開しにくい社会背景や法制度的な問題などを明らかにして、今後の展望を示しておきたいと思います。

1　"裁判漬けの学校"をなんとかしなければ

ある保険会社のパンフには、学校向けにこんな宣伝がされていました。

こんなときに損害賠償金・争訟費用等をお支払いします

　授業中に小学生が同級生にケガを負わせた事故で担当教諭に動静注視義務違反があるとして、担当教師とともに学校長が損害賠償を求められた。

　被　告　：校長、担任教諭

　原　告　：生徒の両親

　中学生の水泳授業中に発生した水死事故において、不作為（心臓マッサージの不使用）が原因として、損害賠償を求められた。

　被　告　：校長、体育担任教諭

　原　告　：生徒の両親

　　　　　………（後略）………

このうたい文句は、ある「教職員賠償責任保険のご案内」からとったものです。この案内では、教師個人が加入する保険で、年間保険料は6380円。損害賠償金・争訟費用とも1請求1000万円とされ、初期対応費用は、1請求50万円だそうです。街中の公立学校の教員に聞いてみると、「ええ、加入してますよ」という返事が当たり前のように返ってきます。

＜教師個人は、子どもの事故の損害賠償責任を負わない＞
　しかし、どう考えてもおかしいのです。教師が個人として損害賠償の責任を追及されることはありえない、というのが国際社会の常識になっているからです。

> 「教員の使用者は、……生徒の傷害のさいに教員に損害賠償が課せられる危険から教員を守らねばならない。」
> （1969年・ユネスコ「教員の地位に関する勧告」69項）

　もしも教師が教育活動中の事故について、ひとつひとつ個人責任を負うということになると、いわゆる教育活動の萎縮が進み、「失敗から学ぶ」という精神のもとで展開されてきた自発的、創造的な教育活動を大きく制約してしまうのではないか、教師のなり手も居なくなってしまうという危惧と配慮からだと思います。もちろん、教師が子どもの活動について専門的な安全配慮義務を果たすべきことは言うまでもありません。それは教育の専門的な安全責任の問題ではあっても、一般的な民事の賠償責任を果たすこととは区別することが常識になっています。
　日本国内でも、裁判所はこれまで、教職員（教育公務員）個人の損害賠償責任を認めない最高裁「判例」（昭和47年3月21日）が確定しています。裁判をしても、教師個人が責任を負うことは法的にはありえないわけです。ただし、重度障がい事故などで、補償が不十分な場合の損害賠償や学校設置者責任及び学校の組織的責任（在学契約など）は残りますから、その意味での裁判はありえます。学校設置者が賠償責任を負った場合に、教師個人に「求償権」を行使する

可能性も残されています。ですから教師がまったく個人責任を負わなくてすむとまではいえないかもしれません（たとえば大阪市立桜宮高校の体罰自死事件では顧問教員に対して求償権が行使される可能性があることを報道しています）。

ただし、はっきりいえることは、冒頭のような保険会社の「うたい文句」にあおられて保険加入することについては、まったく意味がありませんし、保険会社の策略にはまったとしかいいようがありません。実際上は、被害者・遺族による損害賠償請求訴訟が、教師個人の責任追及に向けられる傾向が強まったことから、それを背景にして保険会社、共済組織等が、商業的思惑もあり、教師、職員個人の間に訴訟保険、賠償保険を広げてきたのです（朝日新聞、2015年8月14日付）。

2　学校、教師が過剰な責任追及を受ける背景を探る

では、なぜ、意味のない保険料を教師あるいは公務員は払い続けているのでしょうか。理由はいろいろ考えられます。そこでは学校が裁判漬けになってきた原因や背景に目を向けるべきでしょう。

＜学校批判の世論と責任追及を求めるクレーム社会＞

まず第一に、学校批判の世論の中での＜学校のクレーム社会＞化があげられます。保護者、親のクレームがエスカレートして教師個人を訴える、ということが現実に起きています。おそらく保護者から相談された弁護士は、保護者が責任追及したい教師個人を名指しで挙げるケースが多いことから、学校事故が専門外の場合は、それをそのまま裁判に持ち込んでしまいがちです。かつて「学校事故弁護団」などに属していた弁護士であれば、訴訟の相談に応じたさいに教師個人への訴訟ではなく学校設置者や学校の組織過失を問うように説得してきたはずです。しかし、最近はそのあたりもあいまいになっているように思います。しかも近年になって、教師個人の生徒指導上の過失責任を問う「指導死」（「生徒指導をきっかけ、あるいは原因とした子どもの自殺」大貫隆志編著『指導死』

高文研、2013年、1〜2ページ）という実態から教師の指導に疑問が投げかけられる状況があり、その実態解明への社会的ニーズが高まっているように思われます。

＜被害者・遺族の気持ち、思いと学校追及の世論が結び合う傾向＞

　第二には、2012年の大津のいじめ事件以来、学校事故の事後対応として、事故被害者、遺族に寄り添うという方向性が生まれ（2013年1月、大津市第三者調査委員会報告書）、翌年いじめ防止対策推進法でも遺族への情報提供義務が明記され（28条）、その後の基本指針、付属文書でいじめ自死に限ってではありますが、遺族の意見、希望の聴取など、遺族への寄り添いへ方向転換してきています。そのこと自体はたいへん喜ぶべきことではありますが、いままでなおざりにされてきた被害者の思いや願いが学校追及の世論とあいまって教育界にストレートに影響されてきていることを注視すべきです。

　とくに近年、法曹界では、学校事件・事故被害者全国弁護団の結成と展開があり、また被害者団体として、「全国学校事故・事件を語る会」（旧・学校事故遺族の会）や「『指導死』親の会」、「全国柔道事故被害者の会」など被害者団体が、被害者の思い、声を政府や社会に直接ぶつける機会が増えて、事後対応の重大性を訴え、学校追及の世論と結び合う傾向が強まっています。

　文科省の「学校事故対応に関する調査・研究」有識者会議（2016年2月9日）に対して、「全国学校事故・事件を語る会」が、「学校事故・事件の事後対応のあり方について（要望）」（2015年9月15日付）出した『要望書』には、こう記されています。

　「社会的信頼の確保」や「被害者・遺族の知る権利を保障」するためには……「責任追及や賠償責任を果たしたり、被害者や遺族の『事実を知りたい』との願いに応えることができないレベルの事実調査では、再発防止策を作ることは到底できないのである。」（「事実調査」9〜10ページ）としています。

　このように責任追及、賠償責任を果たすことができる事実調査を求めると同時に、「教職員への支援」としても「処分の受入れ」を、また「社会的信頼の確

保」として「関係者の処分等の決定」(「事後対応の指針」8ページ)などを求めています。

<学校事故の無過失責任主義の後退>

　第三には、前述のように被害者の声とあいまっての学校、教師への責任追及の世論が高まる中で、かつてはこれに歯止めをかける役割を果たしてきた「学校事故の無過失責任主義」の理念が後退してきたことです。とくにこれまで無過失責任主義の原則に立つ学校災害補償法の制定運動を進めてきた被災者支援団体「学災連」(学校災害から子どもを守る全国連絡会)が、事務局高齢化などを理由に発展的に解消された(2013年1月)ことです。

　学校災害補償法(要綱案―日本教育法学会学校事故研究特別委員会総会1977年3月採択)は、1)国費主体で、2)迅速かつ十分な補償、3)無過失責任主義の3原則によって構成された法案でした。この法案は実際に、国会(同学会事務局長の参考人質疑)でも注目されて、日本学校安全会(当時、日本スポーツ振興センターの前身)による給付制度(保護者の掛金に依存)、見舞金制度を、国費主体の補償制度に組み替えていく検討もなされましたが、残念ながら、厚生省(当時)の強い反対、すなわち医療無償の中で学校災害補償だけを突出させないという「横並び」論もあり、見舞い金額の大幅増額にとどめられた経緯があります。

　しかし、近年、中学生までの医療費助成が実施されている自治体が65％(1134自治体)に達していること、10年前の103倍、東京都23区ではすべての区で中学生医療無償化、が実現し、中学生の医療無償化まで実施している自治体も全国696自治体に及ぶ時代になりました(朝日新聞2015年4月17日付)。

　このように子どもの医療無償化が進む中で、学災法の補償制度、とくに無償の医療保障によって、現実的な役割が果たされてきていることから、その存在自体も見直しの時期に来ているといえます。

　また、日本教育法学会では、学校事故損害賠償法要綱案も提案しており、損害賠償法制の特別法として学校、教員に直接賠償責任が及ばないようにするための法律案も再検討されるべきでしょう。

なお、教育における無過失責任の考え方は、学校における重大事故の事実解明、原因究明において、とくに重要になっています。近年の航空機事故の調査にあたっては、賠償責任など責任追及を前提とした調査では、事実の解明、原因の究明が進まないことから、「免責」という手法を取り入れた調査がとられ続け、実際に事故再発防止に寄与してきています。学校災害分野においても、事故の解明にあたっては、責任追及型の調査手法から再発防止につながる調査手法を取り入れることを検討する時期に来ていると思われます。

3　責任追及型の学校安全からの脱却
　　──文科省指針を生かした「みんなの学校安全」をめざす

　すでに述べたように、本来は、学校安全は、事故の当事者・被災者と一般保護者、教職員、生徒、教育委員会が、同じ目線（子どもの最善の利益）にたって一丸となり、学校安全活動に取り組むのが理想的です。そのような子どもの安全のための学校支援を行っていくことが、本書の編集主体である学校安全全国ネット（参考資料3参照）のめざす方向であると思います。

　本稿では、上記の趣旨から、あらためて、学校安全のあり方を総合的に検討していきたいと考えます。そこでは、学校内の安全だけでなく、地域の安全をふくむ学校安全の全体に係る問題、あるいは、教職員、各職種ごとの安全責任の果たし方についても踏み込んだ検討が必要でしょう。そうした実践的な視点からの「みんなの学校安全」の追求とともに、実践的な限界をふまえて、みんなの学校安全の創造のための法制度的な改善を図っていくことも強く求められています。

　とくにその実践的な限界が指摘されてきたのは、裁判対策に依存してきた事後対応についてでした。これを裁判に依存しない、すなわち責任追及型ではない学校安全の取り組みに切り換えていく必要があります。

　その面で注目される動きが、国、文科省レベルで開始されました。

＜学校事故対応に関する文科省指針＞

　2016年3月31日、文部科学省は、2年間にわたる学校事故の事後対応に関する有識者会議での議論をふまえて、「学校事故対応に関する指針」（以下、文科省指針もしくは指針という）を公表しました。そこでは、学校において死亡事故等の重大事故が発生したときには、

(1) 学校は、3日以内に関係者から聴き取り調査（「基本調査」）をすること

【指針2-2-(6)】

(2) 学校設置者は、「被害児童生徒等の保護者の要望がある場合」あるいは「教育活動自体に事故の要因があると考えられる場合」には、「詳細調査」（第三者調査委員会に相当）を行い、原因究明に当たること

【指針3-3-(2)】

(3) 被害児童生徒等の保護者への支援として、被害児童生徒等の保護者と学校、教育委員会、調査委員会などとのコミュニケーションを取ることができるコーディネーターの派遣

【指針5-(4)】

などが盛り込まれました（巻末：参考資料1を参照）。

1) 再発防止のための第三者調査委員会のあり方
　　―裁判によらない解決の道

　とくに注目されることは、被害児童生徒等の保護者の要望をもって第三者調査委員会を設置することが、文科省通知（参考資料1）、国レベルで指針化されたことです。そこで、まず、この文科省指針をふまえつつ、今直面している学校事故の制度的な改善について、基本的な問題に限って、ここで述べておきたいと思います。

　基本的には、学校の重大事故に関して、遺族・被害者家族が強く願ってきた再発防止のあり方、「二度とあの悲劇を繰り返してほしくない」、「せめて、再発防止を図ることでわが子の死を納得したい、無駄にしたくない」という思いに応えることです。

そのための事実の解明と原因究明はもっとも求められてきたのです。

＜「日本学校安全センター」（仮称）の設置＞

　本来、学校災害・事故は、その原因を明らかにすることによって、再発を防止できるはずです。しかし、日本の教育行政の下では、原因究明とその教訓の開示は決して十分なものではなく、死亡や重篤な後遺症を引き起こす重大事故が、未だに繰り返されています。

　そこでは、被災者団体が要望するように国レベルでの学校事故の調査機関が必要です。

　文科省指針では、学校や学校設置者が事故事例を共有していくために、日本スポーツ振興センター（JSC）が「学校事故事例検索データベース」を整備し、広報、刊行物なども活用できるようにすること、検証委員会の報告書の収集と広報がうたわれています。【指針1-(5)】そして、「国においては、……事故情報を蓄積し、教訓とすべき点を整理した上で学校、学校の設置者及び都道府県等担当課に周知することにより、類似の事故の発生防止に役立てる。」とあります。【指針4-(1)】

　しかし、事故の教訓を具体的に生かしていくためには、こうした広報機能に加えて、国レベルでの調査機能を高めていく必要があります。日本教育法学会学校事故研が提案した「学校安全法要綱案」（2004年）では、全国レベルで既存の調査機能を有する日本スポーツ振興センター（学校安全部門）を発展改組し、独自の調査権と勧告権を有する独立行政法人「日本学校安全センター」（仮称）制度の設立を提案しています。

＜第三者調査委員会の設置とこれからの方向性＞

　また、大津のいじめ自死事件をきっかけに、第三者調査委員会の役割が注目されています。

　学校安全全国ネットは、2015年11月9日に、文科省の事後対応に関する有識者会議にむけて、以下のような「第三者調査委員会」制度の原則、方向性を、

意見書として提出しました（参考資料2の意見書全文を参照）。

＜学校現場をバックアップする第三者調査委員会＞

　私たちの意見書では、学校現場との関係について重視してきました。意見書では、委員会の第三者性について「①公平・中立性（客観性）、②独立性、③専門性などを備えるべきである」とし、「調査委員会が独立性を確保していくためには、主に調査対象となる学校、教職員の活動とこれを総括する教育委員会との適切な関係を維持していくことが必要です。委員会の設置条例によって協力を求めたとしても、学校現場からは「外圧」的にとらえられてしまう可能性があります。そこでは、第三者委員会が、学校・教育委員会の限界に対する制度的なバックアップの仕組みであること、そのような学校支援（子ども支援、教職員支援）の考え方を重視すること」としました。

　第三者調査委員会に関しては、これまで、「事故の幕引き」的な意図から形式的な「第三者調査委員会」の設置を図る傾向があり、そのことに対する懸念が出されていました。これをふまえて、再発防止のための原因究明と提言など実効性のある制度としていくために、文科省指針の指摘する基本事項をふまえ、その方向性を確認しておきたいと思います。

①調査の目的―責任追及型の調査としないこと

　文科省指針では、調査の目的は、再発防止のほか、遺族等および児童生徒等と保護者の「事実に向き合いたいなどの希望に応えるため」としていること、「民事・刑事上の責任追及やその他の訴訟等への対応を直接の目的とするものではない」ことに注目すべきです。この文科省指針は、裁判対策とは一線を画していることをふまえるべきでしょう。【指針3-1-(1)】

　調査委員会の設置に際しても、指針では、「原因究明及び再発防止のための取組について検討するためのものであって、責任追及や処罰等を目的としたものではない」としています。【指針3-4-(2)】

　あくまでも学校事故の調査は、子どもの最善の利益と再発防止を目的とする

ものであり、責任追及型の調査では、事実の解明が進まないことが経験的に学ばれています。

②調査の実施主体（調査委員会を立ち上げ、その事務を担う）

　文科省指針では、公立学校及び国立学校における調査の主体は、特別の事情がない限り、「学校ではなく、学校の設置者とする」、とされました。（私立学校及び株立学校における調査主体は、学校設置者のほか、重大事故について都道府県担当課が行うことができる）【指針3-4-(1)】

　ただし、調査委員会の設置条件の一つである「教育活動自体が事故の要因と考えられる場合」として、学校設置者＝教育委員会も調査対象となる場合（たとえば、足利市中学生就労死亡事故など）も想定しなければなりません。その場合には、首長や議会なども「調査の主体」となりうる、と考えられます。

③第三者調査委員会の設置

　文科省指針では、死亡事故等の詳細調査は、外部の委員で構成する調査委員会を設置して行う、とし、調査は、「事故に至る過程や原因を調査するための高い専門性が求められるため、中立的な立場の外部専門家が参画し、調査の公平性・中立性を確保すること」とされました。

　調査委員会の構成と選考については、「学識経験者や医師、弁護士、学校事故対応の専門家等の専門的知識及び経験を有する者であって、調査対象となる事案の関係者と直接の人間関係又は特別の利害関係を有しない者（第三者）について、職能団体や大学、学会からの推薦等により参加を図ること」とされ、関係団体の推薦方式を導入しています。しかし、推薦方式は地元の関係団体との利害関係を全く排除できるのか、疑問も残ります。そこでは、大津市の第三者調査委員会などでみられた委員選考への遺族等の希望を入れる方式も検討されていいでしょう。

　また、報酬を伴う委員の設置については、判例上は条例化することが有力視されていることから、議会による選考などもありえます。既存の相談救済機関（たとえば子どもオンブズ）がある自治体の場合は、その機関が有する調査権の行

使を代替する第三者調査委員会を立ち上げることもありえます。

　なお、委員の氏名については、「特別な事情がない限り公表することが望ましい。」とされました。

　そのほか、文科省指針では、「例えば、聴き取り調査等を行い、事実関係を整理するための補助者を、調査委員会の構成員とは別に置いておくなどが考えられる。」としたことについては、実際にこれまで委員をサポートしてきた第三者調査委員会の「専門調査員」を制度化する動きとして評価したいと思います。【以上、指針3-4-(2)】

④詳細調査の計画・実施

　文科省指針では、調査委員会において、「詳細調査の計画と見通し」を立てた上で、「調査の趣旨等の確認と、調査方法や期間、被害児童生徒等の保護者への説明時期（経過説明を含む）、調査後の児童生徒等・保護者などへの説明の見通し等を検討する」とされました。とくに被害児童生徒等の保護者への経過説明などの情報提供が大切です。【指針3-4-(3)】

　計画化していく場合に、一番の問題点は委員の任期です。往々にして、各地の第三者調査委員会は、任期切れで調査を打ち切ったり、拙速な報告書になってしまう傾向がありました。それは調査委員の問題ではなく委員会を支えるしくみの問題です。本来は、委員会設置の際に「計画と見通し」を事前に十分に考慮した「委員任期」を設定すべきです。この任期を、報告書を提出するまで（足利市第三者調査委員会設置条例の場合）とするか、可能であれば、報告書提出後のモニタリング、評価と検証などの余裕をもった委員会の常設的な設置をも模索してよいのではないか、と思われます（＊）。

　なお、文科省指針では、「プライバシー保護の観点から、委員会は非公開とすることができる。」としていますが、非公開とした際には、「調査委員会の内容については、報告を受けた学校の設置者が被害児童生徒等の保護者に適切に情報共有を行う」とあるのは当然のことでしょう。

＊2015年12月21日、厚労省・文科省の教育・保育施設等における重大事故の再発防止策に関する検討会「最終取りまとめ」参照。提言の実効性を確保していくシステムとして、a　検証委員会は、検証結果とともに、再発防止のための提言をまとめ、都道府県又は市町村に報告する。b　都道府県又は市町村は、プライバシー保護及び保護者の意向に十分配慮した上で、検証組織の提言を公表することを原則とするとともに、提言を踏まえた措置の内容及び当該措置の実施状況について、検証委員会に報告する。c　検証委員会は、提言に対する都道府県又は市町村の取組状況の報告を基に評価を行い、都道府県又は市町村に報告する。d　都道府県又は市町村は、検証委員会の報告を踏まえ、必要に応じ、関係機関、関係者に対し指導を行う。e　都道府県又は市町村においては、検証結果について、国に報告する。としています。

⑤第三者調査委員会の情報収集の手順

　文科省指針では以下のように手順を定めています。
○基本調査の確認
○学校以外の関係機関への聴き取り
○状況に応じ、事故が発生した場所等における実地調査（安全点検）
○被害児童生徒等の保護者からの聴き取り

【指針 3-4-(3)】

　そもそも第三者調査委員会が必要になったのは、学校、教育委員会の調査能力の限界が指摘されてきたからです。したがって、学校による基本調査を鵜呑みにすることはできず、追加調査、再調査が必要な場合が多い、と考えられます。文科省の指針案（3月2日公表）の段階では、記録やメモをとる必要性は強調されていますが、テープ録音には触れていません。指針では、調査の事前説明として、初めて「できるだけ正確に話の内容を記録するため、録音することもあるが、録音データは、調査報告としての記録作成のみに使用すること。」と記載されました。【指針 3-2-(3)】個人情報の保護の問題はありますが、調査のうえで最も良い方法は記録をテープでとり、これを忠実に起こしたヒヤリング記録を整備していくことです。

なお、手順④については、裁判対策もあって、これまで「被害児童生徒等の保護者からの聴き取り」を敬遠する傾向がありましたから、これが原則化した意義は大きいと思います。

2) 被災家族・遺族対応のあり方
―信頼関係の構築のためのコーディネーター制度

文科省指針では、前述の被災家族・遺族への聴き取り調査の実施に加えて、被災家族・遺族対応の指針として、大別すれば以下の5つの基本方針を示したといえます。

①被災家族・遺族への連絡・情報共有・説明責任

被災家族・遺族の学校事故情報へのアクセス権（知る権利）の保障を想定していると思われます。【指針 2-1-(1)、2-2-(2)、3-4-(3)、3-4-(6)、5-(1)～(4)】

②被災家族・遺族との信頼関係の構築【指針 2-2-(2)、3-2-(5)、3-4-(4)】

③被災家族・遺族への信頼できる第三者の準備【指針 2-2-(2)、3-4-(4)、5-(1)～(4)】

④被災家族・遺族の意向・気持ちの尊重

被災家族・遺族の意見を聞かれる権利、意思の尊重、意見表明への権利の保障を想定していると思われます。

【指針 2-2-(4)～(5)、3-1-(1)、3-2-(1)、3-2-(5)、3-3-(1)、3-3-(2)、3-4-(6)、4-(1)、3-4-(3)】

⑤被災家族・遺族への聴き取り調査の実施

とくに、②被災家族・遺族との信頼関係の構築および③その制度的担保としてのコーディネーター制度の導入の指針化は決定的に重要です。

文科省指針では、「被害児童生徒等の保護者に寄り添い，信頼関係にたって対応」すること。「そのため、対応の責任者を決め，常に情報の共有化を図る。」とあります。【指針 2-2-(2)】

さらに、「被害児童生徒等の保護者に調査への協力を求める場合は、信頼関係

の醸成と配慮が必要であり、必要に応じて、遺族等の心情を理解し、遺族等、調査委員会、学校や学校の設置者をつなぐ役割を担うコーディネーターを確保する。」とあります。【指針3-4-(4)】

　このコーディネーター制度は、「被害児童生徒等の保護者への支援」の新規に出てきた注目すべき制度です。

　その概略を、以下、文科省指針からみておきましょう。【指針5-(4)】

＜コーディネーターによる事故対応支援＞
○　被害児童生徒等の保護者への対応においては、学校に連絡窓口となる教職員を置き、窓口を一元化することにより、学校と被害児童生徒等の保護者間の連絡を円滑にできるようにすることが望ましい。
○　他方、学校の設置者等は、被害児童生徒等の保護者と学校の二者間ではコミュニケーションがうまく図れず、関係がこじれてしまうおそれがあると判断したときは、被害児童生徒等の保護者と学校、双方にコミュニケーションを取ることができ、中立の立場で現場対応を支援するコーディネーターを派遣することも考えられる。
○　コーディネーターは、被害児童生徒等の保護者と学校では立場が異なることを理解した上で、中立的な視点で被害児童生徒等の保護者と教職員双方の話を丁寧に聴き、情報を整理し、当事者間の合意形成を促す等、常に公平な態度で双方の支援を行うことで、両者が良好な関係を築けるよう促すことを主な役割とする。　　　（以下　略）

3）遺族・被災者家族が安心して相談でき、救済につなぐ
―学校災害のオンブズ制度と無過失の補償・賠償制度

　つぎに、事故の被災者家族が安心して相談できるしくみや実質的な救済が図られる制度改革の展望についてです。

　文科省指針では、被災児童生徒等の保護者に対して、学校は「災害共済給付の請求」の説明責任があることを示唆しました。

「学校は、学校の管理下で発生した児童生徒等の災害(負傷、疾病、障害又は死亡)に対しては、独立行政法人日本スポーツ振興センター法の規定による「災害共済給付制度」により、医療費、障害見舞金又は死亡見舞金が給付されることを説明する」「死亡事故の場合は、災害共済給付制度により死亡見舞金が支給されるが、その請求に当たっては、被害児童生徒等の保護者の感情に十分配慮し、適切な時期に被害児童生徒等の保護者に連絡し、説明を行う。」【指針5-(3)】と指針化されています。

　これまで、子どもの重大事故、学校災害についての救済については、大きく3つの方法がありました。

　一つは、日本スポーツ振興センターによる「学校災害共済給付」制度です。この制度は、保険的なしくみに近いもので、掛け金を主に保護者が負担する制度です。国や自治体も負担していますが、私費負担を軽減していく立場からは、できるだけ公的な支援へ移行させていくことが望ましいと考えられています。これに加えて、民間では、今の学校活動にさまざまな保険がかけられているのが実情です。

　二つには、今学校事故で常態化している賠償を求める裁判です。

　前述の学校災害共済給付の制度は、親の掛け金を財源にしていること(保険的しくみ)、救済としては交通事故賠償額などとも比較にならないほど低額であることなどから、いきおい裁判に訴える傾向が続いています。しかし、前述のとおり、裁判は長期に及ぶこと、被災者家族の個人的な訴訟費用負担を強いられること、更には、この方法による「学校の裁判漬け」の事態と教育の萎縮の問題など、裁判による救済について改善すべき余地を多く残しているといえます。

　少なくとも、国レベルでは、無過失責任の性質をもつ現行日本スポーツ振興センターの医療給付制度を拡充して、学校災害補償制度として確立していくこと、および、学校、教員に直接賠償責任が及ばないようにし、学校設置者の無過失賠償責任(国の財政支援を前提として)を定めた「学校事故損害賠償法」の制定を検討していくべき時期に来ていると思います。

　その点と関係して、2013年に学校事件・事故被害者全国弁護団が結成され、

法的解決へのアクセスは容易になりました。しかし、すでに指摘したように、現在の過失責任主義の賠償制度の下では、被災者の思いを直接的に受けて教師個人の賠償責任追及に比重が置かれる状況になっています。過剰な責任追及によって学校や教師が萎縮する傾向も顕著に見られるなかで、だからこそ、公的な無過失賠償責任制度が必要なのです。

　三つには、国の制度の不備を地方自治体でカバーしていく相談、救済制度です。その典型は、さいたま市の学校災害救済基金制度です。これはもともと同市の前身である大宮市で条例化された制度でした。この制度は、子どもや保護者の相談員制度を有しつつ、救済については、国の制度上の給付額を超えた支給を行う制度（上乗せ給付）です。

　また、裁判所によらない非司法的な立場からの調査権をもつ相談・救済機関としては、子どもに寄り添い、子どもを代弁する第三者機関「子どもオンブズパーソン」制度（以下「子どもオンブズ」という）があります。その出発は、1998年12月に制定された川西市「子どもの人権オンブズパーソン条例」であり、これに依拠した第三者相談救済機関です。子どもオンブズは、子どもや被災者家族が安心して相談でき、当事者間では解決できない問題の調整、中立で公平な調査（＝第三者的調査といってよいと思います）、そして結果をふまえての勧告・是正要請、意見表明、その結果についての公表の機能も持っています。現在、子どもオンブズのしくみを持つ自治体は、川西市をはじめ23自治体（準備段階の自治体は4）になりました。このオンブズ制度は、裁判によらない調査、救済機関として被災者・遺族にとっても大いに期待されてきたといえます。今後の拡充が望まれると共に、その経験を各地の第三者調査委員会委員のレベルアップに貢献してほしいと考えます。

　以上のとおり、私たちは、前述のような制度改革への展望を視野に入れて、一方で被災者の思いをうけとめた支援を心がけつつ、他方「裁判漬けの学校」からの脱却をめざして、これからも子どもの最善の利益に立った「みんなの学校安全」を模索していきたいと考えます。

基本資料

基本資料1―A

学校事故対応に関する指針

2016年3月31日　文部科学省
学校事故対応に関する指針

はじめに

　学校の危機管理の目的は，児童生徒等や教職員の生命や心身等の安全を確保することにあります。学校において，児童生徒等が生き生きと学習や運動等の活動を行うためには，児童生徒等の安全の確保が保障されることが最優先されるべき不可欠の前提です。
　しかし，学校の管理下における様々な事故や不審者による児童生徒等の切りつけ事件，自然災害に起因する死亡事故など，全国の学校においては，重大事件・事故災害が依然として発生しています。
　学校の管理下において事件・事故災害が発生した際，学校及び学校の設置者は，児童生徒等の生命と健康を最優先に迅速かつ適切な対応を行うとともに，発生原因の究明やこれまでの安全対策の検証はもとより，児童生徒等に対する心のケアや保護者への十分な説明，再発防止などの取組が求められます。
　平成21年4月に施行された学校保健安全法においては，各学校において安全に係る取組が確実に実施されるようにするため，地方公共団体の責務（第3条）及び学校の設置者の責務（第26条）について明記し，地方公共団体及び学校の設置者は，財政上の措置を含め，当該学校の施設及び設備並びに管理運営体制の整備充実その他の必要な措置を講ずるように努めることを求めています。
　また，各学校においては，同法第29条に基づき，危険等発生時対処要領（危機管理マニュアル）を策定し，マニュアルに基づいた訓練等の実施により明らかとなった課題を基に改善・改良を図り，全教職員の共通認識の基で，より実効性のあるマニュアルに見直し，活用していく必要があります。
　文部科学省では，平成26年度から「学校事故対応に関する調査研究」有識者会議を設置し，これまで発生した学校の管理下での事件・事故災害における学校及び学校の設置者の対応について実態を把握するための調査を行うとともに，学校の危機管理の在り方，再発防止を含む事故を未然に防ぐ取組，第三者委員会など調査組織の必要性や在り方等について，ヒアリング等により御意見をいただき，学校事故対応の在り方について指針を取りまとめました。

　学校，学校の設置者，各地方公共団体等においては，それぞれの学校の実情に応じ，本指針を参考として，危機管理マニュアルの見直し・改善を図り，事件・事故災害の未然防止とともに，事故発生時の適切な対応が行われるよう，事故対応に関する共通理解と体制整備を図ることが必要です。

（注1）「子ども・子育て支援新制度」の開始に伴い，内閣府・文部科学省・厚生労働省の三府省による「教育・保育施設等における重大事故の再発防止策に関する検討会」が設置され，施設・事業者及び地方公共団体向けに「教育・保育施設等における事故の発生防止（予防）及び事故発生時の対応のためのガイドライン」（以下「保育事故ガイドライン」という。）が示されています。幼稚園及び認定こども園（幼保連携型，幼稚園型）については，必要に応じて，保育事故ガイドラインも踏まえた対応を行ってください。

（注2）児童生徒等の自殺が起きたときについては，「子供の自殺が起きたときの背景調査の指針（改訂版）」に基づき，また，いじめが背景に疑われる場合の自殺については，「いじめ防止対策推進法」に規定する「重大事態」として，法律に基づいた対応を行ってください。

平成28年3月

基本資料

目次

はじめに

1 事故発生の未然防止及び事故発生に備えた事前の取組
（1）教職員の資質の向上（研修の実施）
（2）安全教育の充実
（3）安全点検の実施（安全管理の徹底）
（4）各種マニュアルの策定・見直し
（5）事故事例の共有
（6）緊急時対応に関する体制整備
（7）保護者や地域住民，関係機関等との連携・協働体制の整備
（8）事故発生の未然防止及び事故発生に備えた事前の取組の推進

2 事故発生後の取組
2-1 事故発生直後の取組
（1）応急手当の実施
（2）被害児童生徒等の保護者への連絡
（3）現場に居合わせた児童生徒等への対応

2-2 初期対応時（事故発生直後～事故後1週間程度）の取組
（1）危機対応の態勢整備
（2）被害児童生徒等の保護者への対応
（3）学校の設置者等への事故報告，支援要請
（4）保護者への説明
（5）記者会見を含む情報の公表及び関係機関との調整
（6）基本調査の実施

2-3 初期対応終了後の取組
（1）詳細調査の実施

3 調査の実施
3-1 調査の目的及び目標
（1）調査の目的
（2）調査の目標

3-2 学校による基本調査の実施
（1）調査対象
（2）調査の実施主体
（3）基本調査の実施
（4）情報の整理・報告
（5）基本調査における被害児童生徒等の保護者との関わり

3-3 詳細調査への移行の判断
（1）詳細調査への移行の判断
（2）詳細調査に移行すべき事案の考え方

3-4 詳細調査の実施
（1）調査の実施主体
（2）調査委員会の設置
（3）詳細調査の計画・実施
（4）被害児童生徒等の保護者からの聴き取りにおける留意事項
（5）事故に至る過程や原因の調査（分析評価）と再発防止・学校事故予防への提言
（6）報告書の取りまとめ

4 再発防止策の策定・実施
（1）調査委員会の報告書の活用

5 被害児童生徒等の保護者への支援
（1）被害児童生徒等の保護者への関わり
（2）児童生徒等の心のケア
（3）災害共済給付の請求
（4）コーディネーターによる事故対応支援

おわりに

参考資料

基本資料

1 事故発生の未然防止及び事故発生に備えた事前の取組
(1) 教職員の資質の向上（研修の実施）
○ 教職員が，事故等の発生を未然に防ぎ，万が一事故が発生しても，児童生徒等の安全を確保し，被害を最小限にとどめるためには，教職員一人一人に，状況に応じた的確な判断力や機敏な行動力等が求められており，教職員の危機管理に関する研修を充実するなど，対応能力を高めることが必要である。

○ 各学校においては，学校安全計画の校内研修に，危機管理についての研修等を位置付け，「事前」，「発生時」，「事後」の三段階の危機管理 ※) に対応した校内研修を行うことが求められる。なお，危機管理に対応した校内研修を行う際には，本指針を踏まえ，この内容の共通理解を図るため，事件・事故災害発生時の対処方法や救急及び緊急連絡体制の整備等について，対応能力の向上に努める。

> ※) 危機管理に当たっては，危険をいち早く発見して事件・事故の発生を未然に防ぐこと（事前の危機管理），万が一事件・事故が発生した場合に，適切かつ迅速に対処し，被害を最小限に抑えること（発生時の危機管理），そして，保護者等への説明や児童生徒等の心のケアを行うとともに，発生した事故等をしっかりと検証し，得られた教訓から再発防止に向けた対策を講じること（事後の危機管理）が重要。

○ 研修の例としては，以下のようなものが考えられる。

・校内の事故統計や事故事例，安全点検の結果や日本スポーツ振興センター等の事故災害情報等を活用した安全な環境の整備に関すること

・様々なケースに対応した防災避難訓練，防犯避難訓練・事故発生時の対応訓練（被害児童生徒等及びその保護者への対応を含む）

・AEDの使用，心肺蘇生法などの応急手当に関する知識技能の向上 ・エピペンⓇの使用法を含むアレルギーへの対応に関すること・児童生徒等の心のケアに関すること

○ 危機管理マニュアルの内容の教職員への周知と訓練を進め，事件・事故災害が発生した際には，児童生徒等の安全確保及び応急手当等，全教職員が各学校の危機管理マニュアルに基づく対応が実施できるよう備えておくことが必要である。

○ 学校安全に係る教職員の研修・訓練は，新年度のできる限り早期に行われることが望ましい。

○ 危機対応訓練の一つとして，避難訓練は，児童生徒等が自ら判断し，安全な行動が取れる能力を養うための活動であると同時に，学校の危機管理上必要な業務として行う学校教職員の活動であることを理解する。また，危機対応訓練においては，形式的・表面的な訓練とならないよう，想定場面を絶えず見直すことで，児童生徒等及び教職員が災害に対する危機意識を持つように実施する。

○ 例えば，児童生徒等に対する理解や課題についての教職員間の連携，情報共有の在り方など，日頃の教育実践の見直し，点検を行うことは，危機対応訓練にも資するものである。

○ 都道府県教育委員会が開催する，学校安全教室の講師となる教職員等を対象とした指導法等の講習会には，各学校から積極的に教職員を派遣し，資質の向上に努めることが求められる。

○ 国においては，教員研修の充実や教職課程における取扱いの充実を図る。

(2) 安全教育の充実
○ 事故発生の未然防止の観点から，児童生徒等の安全教育の充実を図ることも重要である。

○ 学校における安全教育の目標は，概説すると，日常生活全般における安全確保のために必要な事項を実践的に理解し，自他の生命尊重を基盤として，生涯を通じて安全な生活を送る基礎を培うとともに，進んで安全で安心な社会づくりに参加貢献できるような資質や能力を養うことにあり，具体的には次の三つの目標が挙げられる。

> ア 日常生活における事件・事故災害や犯罪被害等の現状，原因及び防止方法について理解を深め，現在及び将来に直面する安全の課題に対して，的確な思考・判断に基づく適切な意思決定や行動選択ができるようにする。
> イ 日常生活の中に潜む様々な危険を予測し，自他の安全に配慮して安全な行動をとるとともに，自ら危険な環境を改善することができるようにする。
> ウ 自他の生命を尊重し，安全で安心な社会づくりの重要性を認識して，学校，家庭及び地域社会の安全活動に進んで参加・協力し，貢献できるようにする。

「『生きる力』をはぐくむ学校での安全教育」より引用

○ 安全教育の目標を実現するためには，各学校で基本的な方針を明らかにし，指導計画を立て，意図的，計画的に推進する。
○ 安全教育を効果的に進めるためには，教科等における指導のみならず，朝の会，帰りの会などの短時間での指導や休み時間などその場における指導及び個に応じた指導にも配慮し，計画的に指導していくことが大切である。
○ 安全教育と安全管理は，一体のものとして密接に関連させて進めていく必要がある。例えば，学校内の施設・設備の安全点検と事後措置とを関連させた生活や行動に関する指導を一体的に進めることは，日常生活での事故を減らす上で欠かすことができないことを理解する。

(3) 安全点検の実施（安全管理の徹底）
○ 学校の施設及び設備等の安全点検については，学校保健安全法第27条及び学校保健安全法施行規則第28条に定められているとおり，計画的に実施する。
○ 安全点検においては，校舎等からの転落事故，学校に設置された遊具による事故などが発生していることや近年の地震等から想定される被害等も踏まえ，施設設備の不備や危険箇所の点検・確認を行うとともに，必要に応じて補修，修繕等の改善措置を講ずることが求められる。
○ 学校保健安全法施行規則では，定期の安全点検だけでなく，臨時的，日常的に行う安全点検の実施も求めており，例えば，運動会や体育祭，学芸会や文化祭などの学校行事の前後，暴風雨，地震，近隣での火災などの災害時，近隣で危害のおそれのある犯罪の発生時などに，必要に応じて点検項目を設定し，点検を行うことも必要である（【参考資料1】参照）。
○ 児童生徒等の安全の確保を図る上で支障となる事項があると認めた場合には，遅滞なく，その改善を図るために必要な措置を講じなければならないが，学校だけでは必要な措置を講じることができないときは，学校の設置者（地方公共団体が直接設置している学校については，執行機関である教育委員会を指す。以下同じ。）に申し出て，学校の設置者が必要な措置を講じることも必要である。
○ 安全点検の実施に当たっては，児童生徒等の意見も聴き入れ，児童生徒等の視点で危ないと思っている箇所についても点検を行うことも重要である。

(参考) 学校保健安全法
第二十七条 学校においては，児童生徒等の安全の確保を図るため，当該学校の施設及び設備の安全点検，児童生徒等に対する通学を含めた学校生活その他の日常生活における安全に関する指導，職員の研修その他学校における安全に関する事項について計画を策定し，これを実施しなければならない。
(参考) 学校保健安全法施行規則
第二十八条 法第二十七条の安全点検は，他の法令に基づくもののほか，毎学期一回以上，児童生徒等が通常使用する施設及び設備の異常の有無について系統的に行わなければならない。
二 学校においては，必要があるときは，臨時に，安全点検を行うものとする。

(4) 各種マニュアルの策定・見直し
- 各学校は，危機管理マニュアルを必ず策定する（学校保健安全法第29条で策定が義務付けられている）。なお，本マニュアルは，危険等が発生した際に教職員が円滑かつ的確な対応を図るために作成するものであることから，毎年度，訓練等の結果を踏まえて，絶えず検証・見直しを行い，実効性のあるマニュアルに改訂する。
- 各学校で作成しているその他のマニュアルについても，同様に検証・見直しを行うとともに，各学校の地域特性や児童生徒等の実情に応じ，例えば，学校の管理下での突然死防止，学校への不審者侵入対応，スポーツ活動時の傷害防止等などに対応したマニュアルを整備する。
- 文部科学省のホームページに用意した学校安全ポータルサイト「文部科学省×安全教育」を活用して，全国の都道府県・指定都市教育委員会が作成した資料を検索する等，積極的に情報収集し，各種マニュアルの策定・見直しに活用する。

＜文部科学省学校安全ポータルサイトＵＲＬ＞
http://anzenkyouiku.mext.go.jp/

（参考）学校保健安全法
第二十九条 学校においては，児童生徒等の安全の確保を図るため，当該学校の実情に応じて，危険等発生時において当該学校の職員がとるべき措置の具体的内容及び手順を定めた対処要領（次項において「危険等発生時対処要領」という。）を作成するものとする。
二 校長は，危険等発生時対処要領の職員に対する周知，訓練の実施その他の危険等発生時において職員が適切に対処するために必要な措置を講ずるものとする。

(5) 事故事例の共有
- 学校は，全国の学校等で発生した重大事故の情報を，独立行政法人日本スポーツ振興センター（JSC）の「学校事故事例検索データベース」や刊行物「学校の管理下の災害」等を活用して収集するとともに，校内で発生したヒヤリハット事例についても教職員間で共有し，重大事故が発生する前に対策を講じる。
- 学校は，あらゆる機会を活用して，安全に関する教職員間の情報交換・情報の蓄積ができる仕組みを構築する。
- 学校の設置者は，日頃から学校で発生した重大事故又は繰り返し発生している事故の情報収集に努めるとともに，国から事故情報の周知及び同様の事故の未然防止のための注意喚起の通知を受け取ったときは，速やかに所管の学校に周知し，事故情報を共有するとともに，事故の未然防止のために必要な対策を行う。
- 都道府県教育委員会、都道府県私学担当課及び構造改革特別区域法第12条第1項の認定を受けた地方公共団体の学校設置会社担当課（以下「都道府県等担当課」という。）においては，日頃から学校事故の情報収集に努めるなど，必要に応じて，都道府県教育委員会は域内の市区町村教育委員会（指定都市教育委員会を除く。以下同じ。）に対し，都道府県等担当課は所轄の学校に対し，学校事故の事例や傾向を提供し，必要な事故防止策等にかかる支援・助言を行う。
- 国は，詳細調査（「3.4 詳細調査の実施」参照）が実施された事例に係る情報の集約及び周知に努める。また，独立行政法人日本スポーツ振興センターの「学校事故事例検索データベース」及び刊行物「学校の管理下の災害」等に掲載された情報等の活用を学校，学校の設置者及び都道府県等担当課に促す。

＜JSC 学校安全 Web 学校事故事例検索データベースＵＲＬ＞
http://www.jpnsport.go.jp/anzen/anzen_school/anzen_school/tabid/822/Default.aspx

(6) 緊急時対応に関する体制整備
- 学校の危機管理では，組織的な危機対応を実践するための体制づくりが重要であり，校長が責任者と

なり，校務分掌により安全を担当する教職員が中心となって活動できる体制を作り，教職員はそれぞれの状況に応じて平常時から役割を分担し，連携を取りながら活動を進めていく必要がある。
○ 事故発生時には，全教職員が各学校の危機管理マニュアルに基づき，児童生徒等の安全確保及び応急手当等の事故発生直後の対応，それに続く態勢整備等の対応等を実施する必要があるため，学校安全の中核となる教職員を中心に，日常的，定期的に職員会議，学年会，校内研修等あらゆる機会を活用して，意図的に協議・情報共有等を進めることが大切である。
○ 事故発生時には，出張等で，管理職や担当教職員が不在の場合でも組織的な対応が行えるよう，事故発生時の指揮命令者を明確にするとともに，事故発生時の役割と内容を全教職員が共通理解しておくことが必要であり，役割分担表は職員室等の見やすい場所に掲示しておくなどの対応が望まれる（【参考資料2】参照）。
○ 学校外での学習時や部活動等における事故の場合も適切に対応できるよう，教職員体制が通常と違う場合の役割分担や連絡の取り方，事故対応の手順についてもあらかじめ定めておく。また，学校外での活動の際には，あらかじめ，現地における交通事情，連絡の方法，救急病院等の医療機関の有無などを詳しく調査しておくことも必要である。
○ 休日等の勤務時間外に事故・災害が発生することも想定した連絡体制の整備も必要である。
○ 「学校生活管理指導表」等から，児童生徒等の運動制限やアレルギーの有無等を把握するとともに，把握した情報を，個人情報の取扱いに留意した上で，全教職員で共有できる仕組みを構築し，各教職員が適切な対応ができるよう，各教職員の役割を明確にして，共通理解を図ることも重要である。

(7) 保護者や地域住民，関係機関等との連携・協働体制の整備
○ 学校では，児童生徒等が発達の段階に応じて危険予測・危険回避できるよう指導していることや，学校，家庭及び地域社会の安全に進んで貢献できるよう指導していることを家庭に知らせる。
○ 学校は，学校安全活動の活性化と充実を図るため，家庭，地域，関係機関等と連携を図ることが必要である。
　　学校安全活動の推進に効果的な連携対象としては，例えば，以下の団体等が挙げられる。
　　・PTA（保護者）
　　・地域の関係団体等
　　・地域の住民・ボランティア等
　　・各地域の警察署，消防署，市区町村の防災担当部局
　　・近隣の学校等
　　・学校医，学校歯科医，学校薬剤師等
　　・学校近隣の保健医療機関等
○ 学校は，地域の実情に応じて，警察などの関係機関，団体との意見交換等の場（学校警察連絡協議会，地域学校安全委員会等）を設置し，学校の取組や体制，児童生徒等の状況について情報を発信して共有するとともに，地域との信頼関係を築き連携・協働を進めることが重要である。

(8) 事故発生の未然防止及び事故発生に備えた事前の取組の推進
○ 各学校が作成する学校安全計画については，避難訓練等の安全指導も含めた安全教育に関する内容や学校の施設及び設備の安全点検，教職員の研修等も盛り込み，年間を見通した安全に関する諸活動の総合的な基本計画として作成し，教職員の共通理解の下，計画に基づく取組を進めていくことが必要である。

○ 学校の設置者は，各学校における計画の作成と実行，評価，改善について必要な指導・助言を行い，その内容の充実に努めるとともに，学校で事故が発生した際に，学校が行う対応をサポートできる体制を整えておく。
○ 都道府県等担当課は，所轄の学校等が行う取組に対して必要な支援・助言を実施するとともに，所轄の学校等で事故が発生した際には，必要に応じて学校等が行う対応をサポートできる体制を整えておく。

(参考) 地方教育行政の組織及び運営に関する法律
(教育委員会の職務権限)
第二十一条　教育委員会は，当該地方公共団体が処理する教育に関する事務で，次に掲げるものを管理し，及び執行する。
九　校長，教員その他の教育関係職員並びに生徒，児童及び幼児の保健，安全，厚生及び福利に関すること。
(長の職務権限)
第二十二条　地方公共団体の長は，大綱の策定に関する事務のほか，次に掲げる教育に関する事務を管理し，及び執行する。
三　私立学校に関すること。

2　事故発生後の取組

本指針の対象とする「事故」は，原則として，登下校中を含めた学校の管理下 ※) で発生した事故とする。

※)　独立行政法人日本スポーツ振興センター法施行令第5条第2項に定める，「災害共済給付」の対象となる「学校の管理下」参照

2-1 事故発生直後の取組

(1) 応急手当の実施

○ 事故発生時に優先すべきことは，事故にあった児童生徒等（以下「被害児童生徒等」という。）の生命と健康である。事故直後は，まずは被害児童生徒等の医学的対応（応急手当）を行う。
○ 事故が発生した場合には，第一発見者は，被害児童生徒等の症状を確認し，近くにいる管理職や教職員，児童生徒等に応援の要請を行うとともに，被害児童生徒等の症状に応じて，速やかに止血，心肺蘇生などの応急手当を行い，症状が重篤にならないようにする（【参考資料3】参照）。
○ 指揮命令者（近くにいる管理職又は教職員）は，応援に駆けつけた教職員に対して役割分担を指示し，速やかに救急車の要請やAEDの手配，アナフィラキシー症状が見られる場合にはエピペン®の手配等，対応に当たる（【参考資料4】参照）。
○ なお，重篤な事故，重篤な事故と考えられる事象が起きたときは，救命処置が秒を争うことである点を理解し，行動することが必要である。
○ 応急手当を実施する際には，以下の点に留意する。

・被害児童生徒等の生命に関わる緊急事案については，管理職への報告よりも救命処置を優先させ迅速に対応する。
・救命処置において，意識や呼吸の有無が「分からない」場合は，呼吸と思えた状況が死戦期呼吸である可能性にも留意して，意識や呼吸がない場合と同様の対応とし，速やかに心肺蘇生とAED装着を実施する（【参考資料3】参照）。
・救急車を手配するために119番通報をすると，消防の通信司令員から電話口で指示や指導が受けられるため，心停止かどうかの判断に迷ったり，胸骨圧迫のやり方などが分からない場合は，119番通報した際に電話を切らずに指示を仰ぐようにする。
・教職員は事故の状況や被害児童生徒等の様子に動揺せず，またその他の児童生徒等の不安を軽減するように対応する。
・応急手当を優先しつつも，事故の発生状況や事故後の対応及びその結果について，適宜メモを残す

ことを心がけ，対応が一段落した時点でメモを整理する（応援に駆けつけた教職員に対し，記録担当の役割を指示する。）。

(2) 被害児童生徒等の保護者への連絡
　○　被害児童生徒等の保護者に対し，事故の発生（第1報）を可能な限り早く連絡する。なお，その際には，事故の概況，けがの程度など，最低限必要とする情報を整理した上で行う。
　○　被害の詳細や搬送先の医療機関名等，ある程度の情報が整理できた段階で，第2報の連絡を行う。以後，正確かつ迅速な連絡に努め，情報の共有を図る。

(3) 現場に居合わせた児童生徒等への対応
　○　学校事故では，意図的でなくても，他の児童生徒等がもう一方の当事者（加害者）となることもある。事故にあった本人はもとより，加害児童生徒等も傷つき，相当の心的負担がかかっていることに留意し，心のケアを十分に行う（「5（2）児童生徒等の心のケア」参照）。
　○　命にかかわるような状況に遭遇したり，それを目撃したりした場合などには，通常のストレスでは生じない精神症状と身体症状が現れることがあることを理解し，迅速に心身の健康状態の把握を行う。なお，それらの症状は，事件・事故の直後には現れず，しばらく経ってから現れる場合があることを念頭に置く必要がある。

2-2 初期対応時（事故発生直後～事故後1週間程度）の取組
(1) 危機対応の態勢整備
　○　事故発生後の対応は，校長のリーダーシップの下，被害児童生徒等の保護者対応，報道対応等，チームとして対応する（「1（6）緊急時対応に関する体制整備」参照）。
　○　危機発生時には様々な対応を集中して行う必要があるため，的確な方針と実施のための人員が必要になる。学校だけでは手が回らない場合は，学校の設置者に人員の派遣等の支援を要請し，必要な人員を確保し対応に当たる。
　○　事故発生後の対応を行う教職員には相当の心的負担がかかっていることに留意し，関係教職員に対する配慮も必要である。

(2) 被害児童生徒等の保護者への対応
　○　応急手当等，事故発生直後の対応終了後は，できる限り迅速かつ確実に事実確認を行い，学校側が知り得た事実は，被害児童生徒等の保護者に対し正確に伝える等，責任のある対応を行う。
　○　学校は，被害児童生徒等の保護者に寄り添い，信頼関係にたって事態への対処ができるよう，対応の責任者を決め，常に情報の共有化を図る。
　○　学校は，被害児童生徒等の保護者の要望や状況に応じて，信頼できる第三者（スクールカウンセラーやスクールソーシャルワーカー等）を紹介し，相談・支援が受けられるようにする。

(3) 学校の設置者等への報告，支援要請
　○　学校は，死亡事故及び治療に要する期間が30日以上の負傷や疾病を伴う場合等重篤な事故が起こった場合には，学校の設置者等に速やかに報告を行う。
　　・公立学校の場合は，学校の設置者に速やかに事故発生を報告し，状況に応じて，必要な人員の派遣や助言等の支援を要請する。

学校の設置者は，事故対応の知見を有する職員を含む複数の職員を派遣し，助言等の支援を行う。また，市区町村立学校（指定都市立学校を除く。）の事案の場合，市区町村教育委員会は，都道府県教育委員会に速やかに事故発生を報告する（【参考資料5】参照）。
　　　なお，死亡事故については，都道府県教育委員会又は指定都市教育委員会は国まで一報を行う（以下，国立学校の設置者及び私立・株式会社立学校の場合の都道府県等担当課も同じ。）。
　　・　国立学校の場合は，学校の設置者に速やかに事故発生を報告し，状況に応じて，学校の設置者は，必要な人員の派遣や助言等の支援を行う。
　　・　私立・株式会社立学校の場合は，必要に応じて，都道府県等担当課に事故報告を行い，事故対応の支援を要請する。都道府県等担当課は，日頃より事故に関する情報収集に努めるとともに，学校からの求めに積極的に応じる。特に，死亡事故等の重篤な事故については，あらかじめ，学校から都道府県等担当課に対する報告の方法等を定めておくことが望ましい。都道府県等担当課は，死亡事故等が起こった事実を把握した際には，後述する基本調査の結果を学校に求めるなど必要な措置を取るよう努める。
　○　人口規模の小さな地方公共団体や都道府県等担当課において，事故対応の知見を有する職員を含む必要な派遣人員を確保することが難しい場合等には，都道府県教育委員会は，市区町村立学校の事案や私立・株式会社立学校の事案に対しても，市区町村教育委員会や都道府県等担当課の求めに応じ，必要な人員の派遣や助言等の支援を行うことが望まれる。なお，その際には，必要に応じて，都道府県の危機管理部局とも連携し，対応に当たる。
　○　ヒヤリハット事例については，校内で発生した事例を教職員間で共有するなど，各学校において適宜調査を実施した上で学校の設置者にも報告する等，重大事故が発生する前に対策を講じることが必要であることに留意する。
　○　必要に応じて，警察等の関係機関に対しても情報提供を行う。

　　（参考）地方教育行政の組織及び運営に関する法律
　　（私立学校に関する事務に係る都道府県委員会の助言又は援助）
　　第二十七条の五　都道府県知事は，第二十二条第三号に掲げる私立学校に関する事務を管理し，及び執行するに当たり，必要と認めるときは，<u>当該都道府県委員会に対し，学校教育に関する専門的事項について助言又は援助を求めることができる。</u>

(4) 保護者への説明
　○　保護者間に臆測に基づく誤った情報が広がることを防ぐために，被害児童生徒等以外の保護者に対しても，状況に応じて，学校から速やかに正確な情報を伝えることが必要であり，事故・事件の深刻さ等を勘案し，状況に応じて，保護者説明会等の開催など，必要な情報共有を行う。
　○　情報を発信する際には，外部に出せる情報を明確にし，①発生事実の概要，②対応経過，③今後の取組・方向性などに整理して説明する。
　○　保護者説明会の開催等，被害児童生徒等以外の保護者への説明の際には，あらかじめ被害児童生徒等の保護者の意向を確認し，説明の内容について承諾を得た上で行う。

(5) 記者会見を含む情報の公表及び関係機関との調整
　○　情報の公表のためには，正確な情報の把握が必要となる。事故に対し，警察の捜査が行われている場合は，警察が公表している情報などにより事実確認を行うなど，関係機関等からも情報を収集しつつ整理を行う。
　○　報道などの外部への対応については，学校と学校の設置者で調整の上，対応窓口を一本化し，情報

の混乱が生じないよう,事実を正確に発信する。
- ○ 状況によっては,報道対応窓口を学校ではなく学校の設置者に一本化し,学校は事故直後の対応(児童生徒等・保護者対応)に専念できるように考慮する。
- ○ 記者会見を含む情報の公表の際には,あらかじめ被害児童生徒等の保護者の意向を確認し,説明の内容について承諾を得た上で行う。

(6) 基本調査の実施
- ○ 学校において死亡事故及び2-2(3)の報告対象となる死亡以外の事故のうち,学校の設置者が必要と判断した事故については,学校は,速やかに「基本調査」に着手し,原則として3日以内を目途に,関係する全ての教職員から聴き取りを実施すると共に,必要に応じて,事故現場に居合わせた児童生徒等への聴き取りを実施する。
- ○ 基本調査の実施方法等については,「3-2 学校による基本調査の実施」に記載する。

2-3 初期対応終了後の取組
(1) 詳細調査の実施
- ○ 2-2(6)の基本調査等を踏まえ,学校の設置者が必要と判断した場合には,外部専門家が参画した調査委員会を設置し,必要な再発防止策を検討することを目的とした「詳細調査」を行う。
- ○ 調査委員会の設置については,「3-4 詳細調査の実施」に記載する。

3 調査の実施
3-1 調査の目的及び目標
(1) 調査の目的
- ○ 調査は,事実関係を整理する「基本調査」と得られた情報に基づく,事故に至る過程や原因の分析を行う「詳細調査」で構成されるものであり,その「目的」は事故の状況によって異なる可能性もあるが,下記のことなどが挙げられる。
  ・日頃の安全管理の在り方等,事故の原因と考えられることを広く集めて検証し,今後の事故防止に生かすため
  ・被害児童生徒等の保護者や児童生徒及びその保護者の事実に向き合いたいなどの希望に応えるため
- ○ この調査は,民事・刑事上の責任追及やその他の訴訟等への対応を直接の目的とするものではなく,学校とその設置者として,上記目的を踏まえて事実に向き合うものである。

(2) 調査の目標
- ○ 調査を実施することによって到達すべき「目標」についても,事案によって異なるが,下記のことが挙げられる。
  ①事故の兆候(ヒヤリハットを含む)なども含め,当該事故に関係のある事実を可能な限り明らかにする
  ②事故当日の過程(①で明らかになった事実の影響を含む)を可能な限り明らかにする
  ③上記①②を踏まえ今後の再発防止への課題を考え,学校での事故防止の取組の在り方を見直す

3-2 学校による基本調査の実施
「基本調査」とは,調査対象となる事案の発生後,速やかに着手する調査であり,学校がその時点で持っ

ている情報及び基本調査の期間中に得られた情報を迅速に整理するものである。

(1) 調査対象
- ○ 調査対象は，登下校中を含めた学校の管理下において発生した死亡事故及び2-2（3）の報告対象となる死亡以外の事故のうち，被害児童生徒等の保護者の意向も踏まえ，学校の設置者が必要と判断した事故とする。

(2) 調査の実施主体
- ○ 基本調査は，事実関係を整理するため，学校がその時点で持っている情報及び基本調査の期間中に得られた情報を迅速に整理するものである。このため，学校の設置者の指導・助言の下，基本調査は原則として学校が実施する（私立・株式会社立学校については，都道府県等担当課が，必要に応じて支援・助言を行う。）。
- ○ 得られた情報に基づく，事故に至る過程や原因の分析等は，「詳細調査」において行う。
- ○ なお，事故現場に居合わせた児童生徒等が大人数の場合の聴き取り，膨大・多様な情報が集まった場合の情報の整理には時間と人員が必要となる場合がある。その際には学校の設置者及び都道府県等担当課は学校の求めに応じて，人的支援を行うよう努める。

(3) 基本調査の実施
- ○ 基本調査において，学校の教職員や児童生徒等に聴き取りを行う際には，聴き取りの目的を明らかにした上で，以下の事前説明を行うなどして，聴き取り対象者の負担を軽減するよう努める。

> ・記憶していることをできるだけ正確に思い出して話してほしいこと。
> ・人の記憶はあいまいなので，正確な事実だけを覚えているわけではないこと（記憶違いのこともあること。）。
> ・一人の記憶に頼るのではなく，他の人の話などから総合的に判断してまとめていくこと。
> ・「誰が何を言った」ということが，そのまま外部に出ることはないこと。
> ・できるだけ正確に話の内容を記録するため，録音することもあるが，録音データは，調査報告としての記録作成のみに使用すること。

「首藤委員提供資料」を参考に作成

- ○ 事故に関係する教職員や事故現場に居合わせた児童生徒等への対応では，「心のケア」と「事実関係の確認」の両立を図ることに努める。
- ○ 聴き取り調査を行うに当たっては，聴取・記録・心のケアへの配慮という各観点が必要であり，スクールカウンセラー等の専門家の支援を受けて実施の判断を行い，実施の際には，必ず複数の教職員で対応するとともに，状況に応じてスクールカウンセラーを同席させることも必要であると考えられる。

＜関係する全教職員からの聴き取り＞
- ○ 原則として3日以内を目途に，関係する全ての教職員から聴き取りを実施する。
- ○ 事故後速やかに，関係する全ての教職員に記録用紙を配布し，事故に関する事実を記録する（【参考資料6】参照）。なお，事故発生直後にメモ等の記録を残していた教職員は，記録用紙を提出する際に，メモ等の記録も併せて提出する。

○ あらかじめ決めてあった役割分担（「1（6）緊急時対応に関する体制整備」参照）を踏まえ，記録の内容を基に，聴き取り担当とされている者（校長や副校長・教頭等）が聴き取りを実施し，記録を行う。教職員が話しやすいかどうかも考慮し，状況に応じて，支援を行う学校の設置者及び都道府県等担当課が聴き取ることも考えられる。
○ 記録担当の教職員は，聴き取り担当及び関係する教職員が記載した記録用紙の情報を集約し，発生状況や事故後の対応について，時系列で整理する。

> （参考）聴き取る内容の例 ・事故数日前からの被害児童生徒等の状況で気になっていたこと ・疾患の有無及び内容 ・既往症の有無及び内容 ・事故発生時に当該教職員がしたこと，見たこと，聞いたこと（被害児童生徒等及び事故現場に居合わせた児童生徒等の様子）等

○ 関係する教職員自身が強いストレスを受けている可能性にも留意し，必要な場合は医療機関を受診させる。
○ 部活動指導員等，外部人材が学校に派遣・配置されている場合には，当該外部人材からも聴き取りを実施する。

＜事故現場に居合わせた児童生徒等への聴き取り調査＞
○ 事故現場に児童生徒等が居合わせたりするなど，事故発生時の事実関係を整理する上で関係する児童生徒等に対して聴き取りを行う必要がある場合には，児童生徒等への聴き取り調査の実施を検討する。ただし，多数の児童生徒等から聴き取りを行う必要があるなど，短期間での実施が難しい場合は，基本調査では聴き取れる範囲で実施し，詳細調査の中で引き続き実施することも検討する。
○ 事故現場に居合わせた児童生徒等は，精神的に大きなショックを受けていることから，調査実施に当たっては児童生徒等・保護者の理解・協力，心のケア体制が整っていることが前提である。聴き取りの前には，保護者に連絡して理解・協力を依頼するとともに，保護者と連携してケア体制を万全に整える。
○ 学級担任や養護教諭などがあらかじめ定められた役割分担に従って聴き取りをすることが考えられるが，その他の部活動顧問や担任外の教諭など児童生徒等が話しやすい教職員が別にいる場合には，聴き取る主体を限定することなく柔軟に対応することが望ましい。
○ 心のケアの中で，何か気になっていることがあれば自然と語れる雰囲気をつくるよう工夫する。
○ 事故現場に居合わせた児童生徒等が話しやすい雰囲気を作り出すことが困難な状況においては，教職員からの聴き取りと同様に，当該児童生徒等に対し，記録用紙を配布し，事故に関する事実を記録してもらう方法を取ることも考えられる（【参考資料6】参照）。

＜関係機関との協力等＞
○ 関係機関については，例えば，事件性のある事案の捜査や検視等を行う警察との協力，亡くなった児童生徒等と関わりのある関係機関（これまで対応していた行政機関，医療機関等）との情報共有を図る。

（4）情報の整理・報告
○ 得られた情報の範囲内で，情報を時系列にまとめる，事実と推察は区分し情報源を明記するなどして整理し，整理した情報を学校の設置者に報告する。私立・株式会社立学校については，必要に応じて都道府県等担当課に報告する。
○ 基本調査で収集した記録用紙（メモを含む）や事故報告等の連絡に用いた電子メール等は，詳細調

査を行う際に重要な資料となる。すぐに廃棄することなく，一定期間保存する。

（5）基本調査における被害児童生徒等の保護者との関わり
　　○　被害児童生徒等の保護者との関わりについては，事故発生（認知）直後から無理に状況確認をするのではなく，被害児童生徒等の保護者の意向を丁寧に確認し，今後の接触を可能とするような関係性を構築する。
　　○　学校及び学校の設置者は，上記（4）で取りまとめられた基本調査の経過及び整理した情報等について適切に被害児童生徒等の保護者に説明する。
　　○　事実関係の整理に時間を要することもあり得るが，必要に応じて適時適切な方法で経過説明があることが望ましく，最初の説明は，調査着手からできるだけ1週間以内を目安に行う。
　　○　この時点で得られている情報は断片的である可能性があり，断定的な説明はできないことに留意する。
　　○　説明に矛盾が生じないよう，全教職員で事故に関する情報を共有した上で，原則として，被害児童生徒等の保護者への説明窓口は一本化する。被害児童生徒等の保護者への情報提供を行う際は正確な情報の伝達を心がけ伝達した情報に誤りがあった場合にはすぐに修正するよう心がける。
　　○　事実関係を基に，事故に至る過程や原因等を調査するには，「詳細調査」に移行することが必要であることに留意する。
　　○　今後の調査についての学校及び学校の設置者の考えを被害児童生徒等の保護者に伝えて，被害児童生徒等の保護者の意向を確認する。

3-3 詳細調査への移行の判断
（1）詳細調査への移行の判断
　　○　「詳細調査」とは，基本調査等を踏まえ必要な場合に，学校事故対応の専門家など外部専門家が参画した調査委員会において行われる詳細な調査であり，事実関係の確認のみならず，事故に至る過程を丁寧に探り，事故が発生した原因を解明するとともに，事故後に行われた対応についても確認し，それによって再発防止策を打ち立てることを目指すものである。
　　○　詳細調査への移行の判断は，基本調査の報告を受けた学校の設置者が行う。その際，私立・株式会社立学校については，必要に応じて，都道府県等担当課が支援・助言を行うこととする。
　　○　詳細調査に移行するかどうかの判断については，「（2）詳細調査に移行すべき事案の考え方」を参考としながら，例えば外部専門家等の意見を求めたりして，その意見を尊重する体制とすることが望ましい。
　　○　詳細調査の移行の判断に当たっては，学校の設置者は被害児童生徒等の保護者の意向に十分配慮する。

（2）詳細調査に移行すべき事案の考え方
　　○　原則全ての事案について詳細調査を行うことが望ましいが，これが難しい場合は，少なくとも次の場合に，詳細調査に移行する。
　　　ア）教育活動自体に事故の要因があると考えられる場合
　　　イ）被害児童生徒等の保護者の要望がある場合
　　　ウ）その他必要な場合
　　○　教育活動とは，体育をはじめとした各教科活動，運動会などの学校行事，部活動などの課外活動等である。

3-4 詳細調査の実施
（1）調査の実施主体
　○　調査の実施主体（調査委員会を立ち上げその事務を担う）は，学校，学校の設置者又は都道府県等担当課が考えられる。
　　・公立学校及び国立学校における調査の実施主体は，特別の事情がない限り，学校ではなく，学校の設置者とする。
　　・私立学校及び株式会社立学校における調査の実施主体は，学校の設置者であるが，死亡事故等が発生した場合であって，学校法人の求めに応じ，必要と認められる際には，当該事故が発生した学校における教育の根幹に関わる重大事態であることに鑑み，都道府県等担当課が行うことができるとする。
　○　市区町村教育委員会，都道府県等担当課が調査を実施する場合は，その求めに応じて都道府県教育委員会が支援を行うことが望まれる。

（2）調査委員会の設置
　○　死亡事故等の詳細調査は，外部の委員で構成する調査委員会を設置して行う。なお，地方公共団体によって，首長部局に常設の調査機関を有している場合には，当該機関を活用することも考えられる。また，調査委員会における調査に当たっては，必要に応じて，関係者の参加を求める。
　○　詳細調査は原因究明及び再発防止のための取組について検討するためのものであって，責任追及や処罰等を目的としたものではないが，事故に至る過程や原因を調査するには高い専門性が求められるため，中立的な立場の外部専門家が参画した調査委員会とすることが必要であり，調査の公平性・中立性を確保することが求められる。

＜ 組織の構成 ＞
　○　調査委員会の構成については，学識経験者や医師，弁護士，学校事故対応の専門家等の専門的知識及び経験を有する者であって，調査対象となる事案の関係者と直接的な人間関係又は特別の利害関係を有しない者（第三者）について，職能団体や大学，学会からの推薦等により参加を図ることにより，当該調査の公平性・中立性を確保することが求められる。
　○　調査委員会の構成員について，守秘義務を課すこと，氏名は特別な事情がない限り公表することが望ましい。
　○　調査委員会の構成員は，先入観を排除し，公平・中立な立場から，その専門的知識を生かし，可能な限り，多角的な視点から調査を行う。
　○　小規模の地方公共団体など，設置が困難な地域も想定されることを踏まえ，都道府県教育委員会においては，これらの地域を支援するため，職能団体や大学，学会等の協力を得られる体制を平常時から整えておくことが望ましい。
　○　なお，基本調査の結果等を踏まえ，詳細調査において，関係者に対し再度聴き取り調査を行う場合，多数の児童生徒等からの聴き取り調査等を外部専門家が直接全て行うのはかなりの時間的制約があると予想される。このため，例えば，聴き取り調査等を行い，事実関係を整理するための補助者を，調査委員会の構成員とは別に置いておくなどが考えられる。補助者については，児童生徒等の聴き取り調査等を行う関係上，当該学校の教職員や学校の設置者の担当職員その他委嘱を受けた外部有識者等が想定される。その役割については調査委員会の指示の下，聴き取り調査等を行い，事実関係を整理することにとどめるものとする。

(3) 詳細調査の計画・実施
- ○ 調査委員会において，詳細調査の計画と見通しを立て，調査の実施主体との間で共通理解を図る。具体的には，調査の趣旨等の確認と，調査方法や期間，被害児童生徒等の保護者への説明時期（経過説明を含む），調査後の児童生徒等・保護者などへの説明の見通し等を検討する。
- ○ プライバシー保護の観点から，委員会は非公開とすることができる。公開／非公開の範囲については，プライバシー保護及び保護者の意向に十分配慮した上で，個別事例ごとに関係者を含めて十分に協議する。関係者ヒアリングのみ非公開とするなど，「一部非公開」等の取扱いも考えられる。なお，委員会を非公開とした際には，調査委員会の内容については，報告を受けた学校の設置者が被害児童生徒等の保護者に適切に情報共有を行うものとする。
- ○ 調査委員会においては，以下のような手順で情報収集・整理を進めることが想定される。
  ① 基本調査の確認
  基本調査の経過，方法，結果の把握，関係する教職員や児童生徒等に対する追加調査実施の必要性の有無を確認
  ② 学校以外の関係機関への聴き取り
  警察や医療機関等，これまで対応していた行政機関等があれば聴き取りを依頼（守秘義務が課されていることが前提）
  ③ 状況に応じ，事故が発生した場所等における実地調査（安全点検）
  ④ 被害児童生徒等の保護者からの聴き取り
- ○ 上記の情報収集においては，事故に至る過程の調査及び問題点・課題の抽出ができるよう，必要な情報を明確にして行うこととする。例えば，下記のような情報が必要であると考えられる。
  ・事故当日の健康状態など，児童生徒等の状況
  ・死亡事故に至った経緯，事故発生直後の対応状況（AEDの使用状況，救急車の出動情報，救急搬送した医療機関の情報等）
  ・教育活動の内容，危機管理マニュアルの整備，研修の実施，職員配置等に関すること（ソフト面）
  ・設備状況に関すること（ハード面）
  ・教育活動が行われていた状況（環境面）
  ・担当教諭（担任，部活動顧問等）の状況（人的面）
  ・事故が発生した場所の見取図，写真，ビデオ等

(4) 被害児童生徒等の保護者からの聴き取りにおける留意事項
- ○ 被害児童生徒等の保護者に調査への協力を求める場合は，信頼関係の醸成と配慮が必要であり，必要に応じて，被害児童生徒等の保護者の心情を理解し，被害児童生徒等の保護者，調査委員会，学校や学校の設置者をつなぐ役割を担うコーディネーターを確保する。
- ○ 客観性を保つ意味から，複数で聴き取りを行う。

(5) 事故に至る過程や原因の調査（分析評価）と再発防止・学校事故予防への提言
- ○ 事故に至る過程や原因の調査（分析評価）は，目的と目標に基づいて客観的に行われることが必要であり，調査委員会の構成員は常に中立的な視点を保つことが必要である。
- ○ 事故が起きた後の時間の経過等に伴う制約の下で，可能な限り，偏りのない資料や情報を多く収集，整理し，それらの信頼性の吟味を含めて，客観的に，特定の資料や情報にのみ依拠することなく総合的に分析評価を行うよう努める。

- 基本的にはある程度委員間で一致した見解を取りまとめる方向での調整が必要だが，それぞれの委員の専門性の違いなどがある場合には，複数の視点からの分析評価を取りまとめることも想定しうる。
- 事故に至る過程や原因の調査で，複雑な要因が様々に重なったことが明らかになる場合もあると思われるが，それぞれの要因ごとに，児童生徒等の事故を防げなかったことの考察などを踏まえて課題を見つけ出すとともに，児童生徒等を直接対象とする安全教育の実施を含め，当該地域・学校における児童生徒等の事故の再発防止・事故予防のために何が必要かという視点から，今後の改善策を，可能な範囲でまとめる。

(6) 報告書の取りまとめ
 ①報告書の作成
- 報告書に盛り込むべき下記内容例を参考に，それまでの調査委員会における審議結果から報告書の素案を作成する。
  - ・調査の目的
  - ・調査の方法
  - ・事例の概要
  - ・明らかとなった問題点や課題
  - ・問題点や課題に対する提案（提言）
  - ・今後の課題
  - ・会議開催経過
  - ・調査委員会の委員名簿
  - ・参考資料
- 報告書に何をどこまで記載するのかと，誰に何を（報告書か概要版か）どのような方法で公表するのかとは密接に関係するため，調査の実施主体と協議して調査委員会にて判断する。

 ②調査結果の報告
- 調査委員会は，調査結果を調査の実施主体に報告する。なお，学校の設置者以外が調査の実施主体となっている場合には，調査の実施主体は，学校の設置者にも情報提供する。

 ③報告書の公表
- 報告書の公表は，調査の実施主体が行うこととする。
- 報告書を公表する段階においては，被害児童生徒等の保護者や児童生徒等など関係者へ配慮して公表内容，方法及び範囲を決める。
- 先行して報道がなされている場合など，状況に応じ，報道機関への説明についても検討する（報告書のうち報道機関に提供する範囲については，被害児童生徒等の保護者の了解をとる。）。
- 報道機関に対して報告書を公表する場合，被害児童生徒等の保護者への配慮のみならず，児童生徒等への配慮も必要であり，例えば個人が特定できないような措置をとるなど公表する範囲についても留意する。

 ④被害児童生徒等の保護者への適切な情報提供
- 調査委員会での調査結果について，調査委員会又は学校の設置者が被害児童生徒等の保護者に説明する。なお，調査の経過についても適宜適切な情報提供を行うとともに，被害児童生徒等の保護者の意向を確認する。

 ⑤報告書の調査資料の保存
- 調査結果の報告を受けた学校の設置者又は都道府県等担当課は，報告書に係る調査資料を，学校の

設置者等の文書管理規定に基づき適切に管理する。

4 再発防止策の策定・実施
(1) 調査委員会の報告書の活用
- ○ 調査の目標・目的に照らし，今後の学校事故予防・再発防止に調査結果を役立てることが必要である。
- ○ 学校又は学校の設置者は，報告書の提言を受けて，当該校の教職員や同地域の学校の教職員間等で報告書の内容について共通理解を図るなどし，速やかに具体的な措置を講ずるとともに，講じた措置及びその実施状況について，適時適切に点検・評価する。その際，その求めに応じて，都道府県教育委員会は域内の市区町村教育委員会に対して，都道府県等担当課は所轄の学校に対して必要な支援・助言を行う。
- ○ 学校又は学校の設置者は，報告書の提言を受けて，被害児童生徒等の保護者の意見も聴取するなどして，より具体的，実践的な再発防止策を策定し，それを実践するよう努める。
- ○ 調査委員会から調査結果の報告を受けた学校の設置者は，調査の実施主体が報告書を公表した後，公立学校における市区町村立学校（指定都市立学校を除く。）の場合は，都道府県教育委員会に報告書を提出し，都道府県教育委員会は国にも報告書を提出する。国立学校の場合は，学校の設置者は国にも報告書を提出する。私立・株式会社立学校の場合は，学校の設置者が調査の実施主体となった場合は，都道府県等担当課に報告書を提出し，都道府県等担当課は国にも報告書を提出する。
- ○ 国においては，報告された調査報告書の概要を基に事故情報を蓄積し，教訓とすべき点を整理した上で学校，学校の設置者及び都道府県等担当課に周知することにより，類似の事故の発生防止に役立てる。

5 被害児童生徒等の保護者への支援
(1) 被害児童生徒等の保護者への関わり
被害児童生徒等の保護者への支援に当たっては，被害児童生徒等の保護者の心情に配慮した対応を行う。
【参考例】「子どもの自殺が起きたときの緊急対応の手引き」（【参考資料7】参照）
- ○ 被害児童生徒等の保護者への説明は対応窓口を一本化し，説明が矛盾することなく，事実を正確に伝えるようにする。
- ○ 被害児童生徒等の保護者への支援は，継続的に行う必要がある。人事異動で学校又は学校の設置者の対応窓口が変わる場合も，継続的な支援が行えるよう，情報共有と引継ぎの体制を構築する。
- ○ 事故にあった児童生徒等の兄弟姉妹へのサポートは学校の大切な役割となる。兄弟姉妹が他校にいれば，他校と連携し，継続的なサポートを行う。

（被害児童生徒等が死亡した場合）
- ○ 被害児童生徒等の保護者の意向を確認の上，学校として通夜や葬儀にどう対応するか方針を定める。
- ○ 葬儀が終わった後も，被害児童生徒等の保護者への関わりは継続して行い，学校との関わりの継続を求める被害児童生徒等の保護者に対しては，他の児童生徒等の気持ちにも配慮しつつ，クラスに居場所を作る等の工夫をする。
- ○ 被害児童生徒等の保護者の意向も確認し，卒業式への参列等も検討する。
- ○ 被害児童生徒等の保護者の感情に配慮し，専門的なケアの希望が出た場合には，信頼できる専門機関等を紹介又は情報提供を行う。

(被害児童生徒等に重度の障害が残った場合)
- 長期の入院等から復学した際の当該児童生徒等の学校生活を支援する(学校施設の改修,安全管理,学習体制,学力の保障等)とともに,医療,福祉,心理等の信頼できる専門機関等を紹介したり支援チームを組織したりするなど,家族への継続的なサポートを行う。

(被害児童生徒等が複数の場合)
- 複数の児童生徒等に被害が生じている場合は,当該学校で重大な事故が発生している可能性が高い。事故の報告を受けた学校の設置者等は,当該学校に対し,必要な人員の派遣や助言等の支援を行う。なお,学校が行う被害児童生徒等の保護者に対する支援もサポートする。
- それぞれの被害児童生徒等の保護者に担当者を決め,被害児童生徒等の保護者一人一人に丁寧な支援を行うとともに,担当者同士が連携して情報を共有し,被害児童生徒等の保護者間の対応に差が生じないようにする。
- 学校や学校の設置者に対する被害児童生徒等の保護者の要望が異なる場合は,それぞれの被害児童生徒等の保護者の意向を十分に踏まえながら,コーディネーター等を活用し,調整を図るよう努める。
- 被害児童生徒等の保護者同士が連携し,家族会等の団体を立ち上げている場合は,団体の代表者を窓口にする等,団体の意向も確認しつつ必要な支援を行う。

被害児童生徒等の保護者への支援は,段階に応じた対応が必要であり,以下のように継続的な支援を行っていくことが必要である。

(以下,指針内に既出の内容を再掲)
＜事故発生直後＞
- 被害児童生徒等の保護者に対し,事故の発生(第1報)を可能な限り早く連絡する。なお,その際には,事故の概況,けがの程度など,最低限必要とする情報を整理した上で行う。
- 被害の詳細や搬送先の医療機関名等,ある程度の情報が整理できた段階で,第2報の連絡を行う。

＜初期対応時＞
- 応急手当等の事故発生直後の対応終了後は,できる限り迅速かつ確実に事実確認を行い,学校側が知り得た事実は,被害児童生徒等の保護者に対し正確に伝える等,責任のある対応を行う。
- 学校は,被害児童生徒等の保護者に寄り添った対応を行い,その求めに応じて,信頼できる第三者(スクールカウンセラーやスクールソーシャルワーカー等)を紹介し,相談・支援が受けられるようにする。

＜基本調査＞
- 学校及び学校の設置者は,取りまとめられた基本調査の経過及び整理した情報等について適切に被害児童生徒等の保護者に説明する。
- 事実関係の整理に時間を要することもあり得るが,必要に応じて適時適切な方法で経過説明があることが望ましく,基本調査における最初の説明は,調査着手からできるだけ1週間以内を目安に行う。
- 説明に矛盾が生じないよう,原則として,被害児童生徒等の保護者への説明窓口は一本化する。
- 今後の調査についての学校及び学校の設置者の考えを被害児童生徒等の保護者に伝えて,被害児童生徒等の保護者の意向を確認する。

＜詳細調査への移行の判断＞
- 詳細調査の移行の判断に当たっては,学校の設置者は被害児童生徒等の保護者の意向に十分配慮する。

<詳細調査>
- ○ 被害児童生徒等の保護者に調査への協力を求める場合は，信頼関係の醸成と配慮が必要であり，必要に応じて，被害児童生徒等の保護者の心情を理解し，被害児童生徒等の保護者，調査委員会，学校や学校の設置者をつなぐ役割を担うコーディネーターを確保する。
- ○ 客観性を保つ意味から，複数で聴き取りを行う。
- ○ 学校の設置者は，調査の経過についても適宜適切な情報提供を行うとともに，被害児童生徒等の保護者の意向を確認する。

<最終報告>
- ○ 調査委員会での調査結果について，調査委員会又は学校の設置者が被害児童生徒等の保護者に説明する。

(2) 児童生徒等の心のケア
【参考例】「子どもの心のケアのために－災害や事件・事故発生時を中心に－」
「学校における子供の心のケア－サインを見逃さないために－」
- ○ 災害等に遭遇すると，恐怖や喪失体験などの心理的ストレスによって，心の症状だけでなく，腹痛や頭痛，眠れない，食欲不振などの身体の症状も現れやすいことが児童生徒等のストレス症状の特徴であることを理解する。
- ○ 災害や事件・事故発生時における児童生徒等のストレス反応は誰でも起こり得ることであり，ストレスが強くない場合には，心身に現れる症状は悪化せず数日以内で消失することが多いが，激しいストレスにさらされた場合は，「急性ストレス障害（ASD）」や「外傷後ストレス障害（PTSD）」を発症することがある。
- ○ 災害や事件・事故発生時におけるストレス症状のある児童生徒等への対応は，基本的には平常時と同じであり，健康観察により速やかに児童生徒等の異変に気付き，問題の性質を見極め，必要に応じて保護者や主治医等と連携を密に取り，学級担任や養護教諭をはじめ，校内組織と連携して組織的に支援に当たることである（【参考資料8】参照）。
- ○ 危機発生時の児童生徒等の心身の健康問題を把握するための方法としては，児童生徒等の様子の直接的な観察，保護者との話合いによる間接的観察及び質問紙を使った調査等の方法があるが，いずれも記録に残すことが大切である。
- ○ 心のケアを必要としているのは児童生徒等だけではないことを理解し，被害児童生徒等の保護者や教職員に対しても継続的な心のケアを行う。
- ○ 教職員は，児童生徒等のために，自分の心身の不調のケアが後回しになっていないか，早めに自分の心身の不調に気付き，休息したり，相談したりすることが児童生徒等の支援にとっても重要であることを理解する。

(3) 災害共済給付の請求
- ○ 学校は，学校の管理下で発生した児童生徒等の災害（負傷，疾病，障害又は死亡）に対しては，独立行政法人日本スポーツ振興センター法の規定による「災害共済給付制度」により，医療費，障害見舞金又は死亡見舞金が給付されることを説明する（制度に加入していない場合を除く。）。ただし，給付対象外となる災害治療もあるため，事前に独立行政法人日本スポーツ振興センターに確認し，給付制度について正しく理解した上で説明する。
- ○ 死亡事故の場合は，災害共済給付制度により死亡見舞金が支給されるが，その請求に当たっては，

被害児童生徒等の保護者の感情に十分配慮し，適切な時期に被害児童生徒等の保護者に連絡し，説明を行う。

(4) コーディネーターによる事故対応支援
- 被害児童生徒等の保護者への対応においては，学校に連絡窓口となる教職員を置き，窓口を一元化することにより，学校と被害児童生徒等の保護者間の連絡を円滑にできるようにすることが望ましい。
- 他方，学校の設置者等は，被害児童生徒等の保護者と学校の二者間ではコミュニケーションがうまく図れず，関係がこじれてしまうおそれがあると判断したときは，被害児童生徒等の保護者と学校，双方にコミュニケーションを取ることができ，中立の立場で現場対応を支援するコーディネーターを派遣することも考えられる。
- コーディネーターは，被害児童生徒等の保護者と学校では立場が異なることを理解した上で，中立的な視点で被害児童生徒等の保護者と教職員双方の話を丁寧に聴き，情報を整理し，当事者間の合意形成を促す等，常に公平な態度で双方の支援を行うことで，両者が良好な関係を築けるよう促すことを主な役割とする。
- コーディネーターは，事故対応の知見を有する都道府県又は市区町村の職員が想定される。また、地域の実情によっては，学校の設置者が事故対応に精通した学識経験者（大学教授・元教員その他これらに準ずる者）にコーディネーター役を委嘱する等も考えられる。
- 人口規模の小さな地方公共団体や，都道府県等担当課において，コーディネーター役に適した者を選定することが難しい場合，都道府県教育委員会は，市区町村教育委員会や都道府県等担当課の求めに応じ，コーディネーター役に適した者を推薦する等，支援を行うことが望まれる。
- コーディネーターは，独立行政法人日本スポーツ振興センターの「学校事故事例検索データベース」等を活用するなど，過去の事故事例を参照しながら事故対応の知見を広めるよう努める。

おわりに

　学校の安全を確保するに当たり，まずは，事件・事故等の発生を未然に防ぐこと（事前の危機管理）が重要です。万一事故が発生してしまった場合には，学校や学校の設置者は，事実にしっかりと向き合い，事実を明らかにするという姿勢が重要です。そして，そこで明らかとなった事故の教訓を真摯に受け止め，今後の事故防止のための安全管理や安全教育に生かし，児童生徒等の安全確保の取組を徹底していくと同時に，被害児童生徒等の保護者に対しては，誠意をもって支援を継続していくことが必要です。

　文部科学省では，平成26年度から「学校事故対応に関する調査研究」有識者会議を設置し，学校において，重大事故の発生を未然に防止するための方策とともに，事故後の対応の在り方について，議論を重ねてきました。

本指針は，これらの議論等を踏まえ，一定の方向性を示したものですが，今後，各学校及び学校の設置者において，この指針を参考に安全確保の取組が推進されることが望まれます。

今後，事故対応等の取組事例が蓄積され，新たな課題が明らかとなった場合には，その課題を基に，更に改善を加えていくことが重要であると考えます。その際には，事故の未然防止の在り方や事故発生時の適切な対応，被害児童生徒等及びその保護者に対する支援の在り方等についても，再度検討し，必要な改善・見直しを行うこととします。

以下　参考資料　（略）

基本資料1—B

文部科学省
「学校事故対応に関する指針」の公表について（通知）

2016年3月31日

27文科初第1785号
平成28年3月31日

各都道府県教育委員会教育長
各指定都市教育委員会教育長
各都道府県知事
附属学校を置く各国立大学法人学長　殿
構造改革特別区域法第12条第1項
の認定を受けた各地方公共団体の長

文部科学省初等中等教育局長
小　松　親　次　郎

「学校事故対応に関する指針」の公表について（通知）

　学校においては、児童生徒等の安全の確保が保障されることが最優先されるべき不可欠の前提です。
　しかし、学校管理下における様々な事故や不審者による児童生徒等の切りつけ事件、自然災害に起因する死亡事故など、全国の学校においては、重大事件・事故災害が依然として発生しています。
　文部科学省では、学校における事故の発生を未然に防ぐとともに、学校管理下で発生した事故に対し、学校及び学校の設置社外適切な対応を図るため、平成26年度から「学校事故対応に関する調査研究」有識者会議を設置し、検討を粉って着ましたが、今般、「学校事故対応に関する指針」が別添のとおり取りまとめられました。
　各学校及び学校の設置者等においては、下記の点に留意の上、危機管理マニュアルの見直し・改善を図り、事件・事故災害の未然防止とともに、事故発生時の適切な対応が行われるようにするための、事故対応に関する共通理解と体制整備の促進をお願いします。
　貴職におかれては、指針の内容及び下記を踏まえ、域内の学校及び学校の設置者において適切な事故対応が行われるようご指導いただくとともに、都道府県・指定都市教育委員会教育長にあっては所管の学校並びに域内の市区町村長及び市区町村教育委員会に対して、国立大学法人学長にあっては設置する附属学校に対して、周知を図るようお願いします。

　また、本指針については、文部科学省のホームページにも掲載する予定です。
　http://www.next.go.jp/a_menu/kenko/anzen/1289303.html

記

1 事故発生の未然防止のための取組
（1）学校は、教職員が事故等の発生を未然に防ぎ、万一事故が発生しても児童生徒等の安全を確保できるよう、教職員の研修の充実を図ること。併せて児童生徒等の安全教育の充実を図ること。さらに、学校保健安全法第27条及び学校保健安全法施行規則第28条に基づき、安全点検を計画的に実施し、必要なマニュアルの見直し及び整備を図ること。マニュアルの見直しの際には、文部科学省ポータルサイト「文部科学省×安全教育」を活用し、情報収集に努めること。また、独立行政法人日本スポーツ振興センター（JSC）の「学校事故事例検索データベース」等を活用し、事故事例の収集を行うとともに、ヒヤリハット事例についても教職員間で共有し、事故の未然防止に努めること。学校の設置者、都道府県私立学校主管課及び構造改革特別区域法第12条第1項の認定を受けた地方公共団体の学校設置会社担当課（以下「都道府県等担当課」という。）においても、学校事故の事例や傾向を提供し、事故の未然防止のための取組に係る支援・助言を行うこと。

（2）学校は、緊急対応のための役割分担表の作成等、組織的な危機対応が行えるよう体制整備を図ること。その際、事故発生時に管理職が不在の場合でも組織的な対応が行えるように留意すること。また、学校外での活動の際の対応や休日における連絡体制等についても整備すること。

（3）学校は、地域学校安全委員会等の機会を通じて日頃より、家庭、地域、関係機関等との連携を図るようにすること。

2 事故発生後の取組
（1）事故発生直後の取組
　　ア　事故発生時にはまず事故にあった児童生徒等の生命と健康を優先し、応急手当を実施すること。被害児童生徒等の保護者へ、事故の発生状況に係る第一報を可能な限り速やかに実施すること。
　　イ　学校は、死亡事故及び治療に要する期間が30日以上の負傷や疾病を伴う場合等重篤な事故（事故発生時点においては治療に要する期間が未確定の場合であっても30日以上となる可能性が高いと学校が判断したもの及び意識不明の事故 を含み、治療に要する期間が30日以上かかる場合でも骨折や捻挫等の事案は事 故の発生状況等により報告の有無を判断）の場合は、学校の設置者等に報告を行うこと。
　　　　なお、公立学校の設置者は報告を受けた事故情報について、当該地方公共団体の長にも必要に応じて情報提供を行うこと。
　　ウ　死亡事故については国に報告を行うこと。

（国の報告先）
文部科学省初等中等教育局健康教育・食育課学校安全係
電話：03-5253-4111（内線 2917）
FAX: 03-6734-3794
E-mail:anzen@mext.go.jp

(2) 基本調査
　ア　基本調査は、学校の管理下で発生した死亡事故及び（1）のイの報告対象となる死亡以外の事故のうち、被害児童生徒等の保護者の意向も踏まえ、学校の設置者が必要と判断した事故について、調査対象となる事案の発生後速やかに学校がその時点で持っている情報等を整理するものであり、学校の設置者等の指導・助言の下、学校が実施すること。その際、学校の求めに応じて学校の設置者等は人的支援を行うように努めること。原則として3日以内を目途に、関係する全教職員からの聴き取り調査を行うとともに、心のケアに留意しながら、必要に応じて、事故現場に居合わせた児童生徒等の聴き取り調査を行うこと。
　イ　基本調査の経過及び整理した情報については適切に被害児童生徒等の保護者に説明することとし、最初の説明は、調査着手からできるだけ1週間以内を目安に行うこと。
　ウ　詳細調査への移行の判断は、被害児童生徒等の保護者の意向に十分配慮した上で学校の設置者が行うこと。その際少なくとも次の場合には詳細調査に移行すること。
　　・教育活動自体に事故の要因があると考えられる場合
　　・被害児童生徒等の保護者の要望がある場合
　　・その他必要な場合

(3) 詳細調査
　ア　詳細調査は、公立学校及び国立学校においては特別の事情がない限りは学校の設置者が、私立学校及び株式会社立学校においては、学校の設置者が行うものではあるが、学校法人の求めに応じ、必要と認められる際には都道府県等担当課が、中立的な外部専門家が参画した調査委員会を設置して行うこと。詳細調査の経過については、適宜適切に被害児童生徒等の保護者に情報提供すること。
　イ　詳細調査の報告書については調査の実施主体である学校の設置者等が公表すること。その際に、調査委員会又は学校の設置者は被害児童生徒等の保護者に調査結果の説明を行うこと。
　ウ　調査結果の報告については国にも提出すること。

(4) 再発防止策
　学校、学校の設置者等は報告書の提言を受け、同地域の学校や教職員間等で報告書の内容について共通理解を図るとともに、速やかに具体的な措置を講ずること。講じた措置及び実施状況について、適時適切に点検・評価すること。
　国においては、提出された報告書を基に情報を蓄積し、教訓とすべき点を整理した上で、学校、学校の設置者及び都道府県担当課に周知するので、類似の事故の発生防止に役立てること。

3　被害児童生徒等の保護者への支援
　被害児童生徒等の保護者への対応においては、学校の窓口を一本化し、学校と被害児童生徒等の保護者間の連絡を円滑に行えるように留意すること。学校の設置者等は、必要と認められる場合には、双方にコミュニケーションを取ることができ、中立の立場で現場対応を支援するコーディネーター（事故対応の知見を有する都道府県又は市区町村の職員、学識経験者等）を派遣することも考えられること。

4　他の指針との関係について
　以下に示す案件については、個別の案件の実情に応じた既存の指針等が整備されていることから、当該

事案が発生した際には、第一義的には、以下の指針等に基づいた対応を行うこととし、当該指針等に記載のない対応については、本指針を参考とすること。

（1）幼稚園及び認定こども園における事故
　〇教育・保育施設等における事故防止及び事故発生時の対応のためのガイドライン（平成28年3月内閣府・文部科学省・厚生労働省）
　※子ども・子育て支援新制度における「施設型給付」を受けない幼稚園は本ガイドラインの対象には含まれないが、本ガイドラインも参考にしつつ適切な対応が行われること。

（2）児童生徒の自殺
　〇子供の自殺が起きたときの背景調査の指針（改訂版）
　　（平成26年7月文部科学省）
　〇いじめ防止対策推進法（平成25年法律第71号）※いじめが背景に疑われる場合

（3）学校給食における食物アレルギー事故
　〇学校給食における食物アレルギー対応指針（平成27年3月　文部科学省）

【本件連絡先】
文部科学省初等中等教育局
健康教育・食育課学校安全係
電話：03-5253-4111（内線 2917）
FAX：03-6734-3794
E-mail：anzen@mext.go.jp

基本資料2

平成 27 年 11 月 9 日

文部科学省スポーツ・青少年局　学校健康教育課
課長　和田勝行　殿
『学校事故対応に関する調査・研究』有識者会議
座長　渡邊正樹　殿
有識者会議委員　各位

学校安全全国ネットワーク
代表　喜多　明人（早稲田大学教授）

学校の重大事故の事後対応のあり方、とくに第三者調査委員会の設置について
―意見書―

はじめに

　貴会議は、平成 26（2014）年度～平成 27（2015）年度において、「学校事故対応に関する調査・研究」をテーマとして文科省内の有識者会議として設置され、①学校で発生した事件・事故災害の調査、②学校や教育委員会における子どもたちや家族・遺族に対するケア、③教員等周囲の関係者に対するメンタルヘルスや危機管理のあり方などについて検討されている、とお聞きしており、その 1 年半にわたる精力的な活動に敬意を表します。

　学校安全全国ネットワーク（＊ http://gakouanzen-network.com/）は、「子どもの最善の利益の見地から、学校管理下の子どもの事故防止・学校安全の促進及び学校災害被災者の総合的な支援を目指し活動する会」として、平成 25（2013）年 6 月に設立されました。この会は、学校災害 100 万件時代（＝発生件数、学校災害給付件数 200 万件時代とも言われています）にあって、学校で子どもたちが安全、安心して学べるようにするために、学校教職員、子ども・保護者、市民、教育委員会等の教育関係者が同じ目線で一丸となり、学校を支えあっていけるような環境を整えていくことを目的としています。

＊代表喜多明人（大学教授）、副代表原田敬三（弁護士）、事務局長浅見洋子（ヒーリングカウンセラー・詩人）、事務所：東京都千代田区富士見 2 − 7 − 2 ステージビル 1706 号室

　貴会議で検討されている学校事故対応につきましても、私たちの願いは、学校の重大事故を契機としまして、二度と同じような事故が起きないように、教育関係者が一体的に学校安全へのとりくみを進めていくことでした。しかし、現実は、大津市の中学生「いじめ自死」事件をみるまでもなく、学校で重大事故が発生したあとの学校・教育委員会の事後対応の問題があり、遺族・市民（一般保護者等）・生徒等が不信感をいだき、教育関係者相互の信頼関係が損なわれるなど、学校安全のためにともに支えあう関係が失われている現状があります。

　学校の重大事故に関する事後対応として、上記のような問題状況のなかで、今日、事実の解明、原因の究明などについての調査に関して、学校・教育委員会の調査の限界が指摘され、新たに第三者調査委員会が設置されることが多くなりました。教育関係者相互の信頼関係を取り戻すために設けられ始めたとみられる第三者調査委員会については、私たちは、「裁判に頼らない事後対応」として、とりわけ被害

者・遺族との関係改善が期待できること、また、裁判以外による公平・中立、客観性のある第三者的な調査であり、事実の解明、原因の究明、事後対応を含む再発防止への積極的な仕組みであるとして歓迎するとともに、さらにその制度の充実、改善を図ることを期待し、以下のとおり意見書を提出します。

1　裁判に頼らない事後対応の必要性
＜学校・教育委員会と遺族・市民・生徒との間を隔てる損害賠償法制の壁＞

　貴会議が、検討課題としてきた、①学校で発生した事件・事故災害の調査、②学校や教育委員会における子どもたちや家族・遺族に対するケア、③教員等周囲の関係者に対するメンタルヘルスや危機管理のあり方などについては、どの問題においても共通する問題として、裁判対策がありました。

　学校の重大事故の事後対応をめぐって、学校・教育委員会と遺族・市民（一般保護者等）・生徒との間で信頼関係を損なう事態が発生してきた基本原因は、この裁判対策、すなわち学校・教育委員会等に対して、過失責任主義に基く損害賠償責任を追及される現実があることが挙げられます。この現実は、事故発生に対応する防御システムを構築するという意味で、学校・教育委員会にとっては抗しがたい制度的対応であり、他面そのような防御システムは、遺族や市民との関係を断絶する壁として立ちはだかり、教育法制上の欠陥ともいうことができます。

　ですから、貴会議の検討課題に即していえば、裁判対策ゆえに、事故調査があいまいにされ（①）、家族・遺族との不正常な関係（多くは孤立状態）を招き（②）、教職員・生徒等への緘口令、管理職・教育委員会による閉鎖的な危機管理システムの構築（③）など、遺族や市民との関係断絶状況を生み出してきたといえます。

　その結果、現在、教師・学校・教育委員会は、賠償保険、訴訟保険などの保険加入等で防御する（朝日新聞2015年8月14日付、「一面」記事等参照）などのほか、事実上過失責任の実証につながるとして、事実の解明や原因究明については、回避せざるをえない状況に陥っています。大津市中学生「いじめ自死」事件に対する学校・教育委員会の事後対応は、その典型例に相当するものであり、学校や教育委員会に批判が集中することになりました。

＜教師個人は、子どもの事故の損害賠償責任を負わない＞

　上記のような裁判対策のノウハウの確立を背景として、学校の教師個人も、故意の行為は別として、日常の教育活動において、いったん事故が生じれば、過失、賠償責任を追及される恐れがあることから、教育活動の萎縮、生徒等の自主活動の自粛、保険加入といった現象を生じさせてきました。

　とくに近年になって、教師個人の生徒指導上の過失責任を問う「指導死」（「生徒指導をきっかけ、あるいは原因とした子どもの自殺」大貫隆志編著『指導死』高文研、2013年、1-2ページ）という概念のもと、教師責任を柱とする裁判の展開が見られる傾向が強まっています。

　このような個人責任の追及の積み重ねによって事件や事故の再発を防止できるものではありません。個別に発生した事故事件の原因を分析して再発防止に役たたせる解決システムとして、国際社会では以前より、以下のように、「教師使用者による教員への損害賠償責任追及からの保護」の原則を掲げています。

　　「教員の使用者は、・・・生徒の傷害のさいに教員に損害賠償が課せられる危険から教員を守らねばならない。」
　　（昭和44（1969）年・ユネスコ「教員の地位に関する勧告」69項）

日本国内でも、裁判所は教職員（教育公務員）個人の損害賠償責任を認めない最高裁「判例」（昭和47 年 3 月 21 日）が確定しています。しかし、現実は、「指導死」訴訟を含めて、被害者・遺族による損害賠償請求訴訟が、教師個人の責任追及に向けられる傾向が強まり、それを前提に保険会社、共済組織等が、商業的介入を企て、個人責任追及の恐れがあるとあおりながら、教師、職員個人の間に訴訟保険、賠償保険を広げてきました（前掲：朝日新聞、平成 27 年 8 月 14 日付）。

　その意味では、すでに最高裁レベルで判例法として確定しているはずの原則、すなわち＜教師個人は、子どもの事故の損害賠償責任を負わない＞原則を広く周知するとともに、教師の個人過失責任をあおる保険会社、共済組織の商業的介入行為を規制するとともに、他方、学校・教育委員会が過剰な裁判対策に走らないような体質の改善が肝要であると考えます。

　教育における無過失責任の考え方は、学校における重大事故の事実解明、原因究明において、特に重要になっています。近年の航空機事故の調査に当たっては、賠償責任など責任追及を前提とした調査では、事実の解明、原因の究明が進まないことから、「免責」という手法を取り入れた調査がとられ続け、実際に事故再発防止に寄与してきています。学校災害分野においても、事故の解明にあたっては、責任追及型の調査手法から再発防止につながる調査手法を取り入れることを検討する時期に来ていると思われます。

＜学校災害の補償制度の創設＞

　すでに、学校災害 100 万件（＝学校災害共済給付件数）時代となった 1970 年代後半において、衆議院・文教委員会「学校災害に関する小委員会」（通称「木島委員会」といわれました）では、重大事故の発生に伴う被害者の補償、救済問題や、学校の安全管理のあり方が検討され、結果的には、日本学校安全会法（当時）の一部改正による学校災害共済給付金額（とくに死亡・障がい見舞金等）の大幅増額などが実現しました。また、学校保健法の一部改正により、初めて学校安全管理規定が法制化されました。当時は、日本教育法学会（学校事故問題研究特別委員会）によって、被災者・遺族の思いを受けて、過失の如何を問わず、国費主体の、迅速かつ十全な補償制度を盛り込んだ「学校災害補償法」案が提唱されていました。この法案（日本教育法学会 1977 年 3 月提案）は実際に、国会（同学会事務局長の参考人質疑）でも注目されて、日本学校安全会（当時、日本スポーツ振興センターの前身）による給付制度（保護者の掛金に依存）、見舞金制度を、国費主体の補償制度に組み替えていく検討もなされましたが、残念ながら、厚生省（当時）の強い反対（いわゆる学校災害補償だけを突出させないという「横並び」論）もあり、見舞い金額の大幅増額にとどめられた経緯があります。

　しかし、現代のように高校無償化がすすんでいるように、無償・公費教育が進展していく中で、子どもの教育を受ける権利（憲法 26 条）を保障していく公教育環境（教育環境のマイナスのコスト＝学級規模改善のようなプラスのコストだけでなく）として、学校災害の補償制度が国費により一層充実させるべき時期に来ているといえます。

　この手段としては、現在の日本スポーツ振興センターの給付制度の改善により、死亡・障害「見舞金」を「補償金」に制度変更するか、新たに学校災害補償制度（重度障がい事故の十全な補償制度＝日弁連 1977 年提唱、を含む）を創設するか、は今後検討するものとして、学校災害被災者への経済的な支援が進展することで、損害賠償請求によってしか経済的に担保されないという現状が改善されることはまちがいありません。

　もちろん重大事故の事実解明や原因究明、再発防止を求める被災者・遺族の思いを受け止めていくためには、こうした補償制度の創設だけでは不十分です。当会は、第三者調査委員会制度の法制化などの制度化の問題として次の項で述べます。

＜学校設置者の無過失賠償責任の法制化＞
　日本教育法学会（学校事故問題研究特別委員会）は、1977年に無過失、国費主体、十全補償を掲げた「学校災害補償法」案を提言するとともに、学校・教育委員会による裁判対策が教育の萎縮を生じている現実を直視し、1977年3月、「学校事故損害賠償法」案を公表し、①教師個人が賠償責任を負わないこと（第3条2項）、②教師使用者たる学校設置者の「無過失賠償責任」を法制化すること（法案第3条1項）、そのために学校設置者は国による財政的支援をうけること（第4条2項）などを提案しました。同法案は、今日の時点においても、①教師の個人過失責任を問う風潮があること、②個人過失は認められなくとも、学校設置者に対する損害賠償責任の請求があることで実質的な裁判対策が残されていることなど、学校現場の個別対応の問題を考えると、その意義、必要性があると判断されます。最高裁判例が確定しているとはいえ、今日なお、検討していく必要は失われていません。（ニュージーランドでは、国による無過失賠償法制が確立しています。その方法からも学ぶべきであると考えます）

＜再発防止に欠かせない教師の教育専門的な安全責任の確立＞
　ところで教育における無過失（賠償）責任主義の原則が教育の自主的、主体的活動の促進につながるとはいえ、教育活動中に、児童生徒に対して重大被害を及ぼした場合には、当該教職員の「責任」問題を検討することが、再発防止の観点からも重要である事例も多数存在します。ただし、その責任の負い方は、本来、民事訴訟としての損害賠償責任や行政法上の責任、刑事責任とは区別された教育専門的な責任であるべきです。
　教師にとって重大事故の事後対応としては、その基本は、あくまでも再発防止とかかわる教育活動の改善にあり、事故に至った教育活動の原因究明と再発防止への実践的な研修と指針・憲章づくりなど、教師の教育専門職としての専門的な安全責任を果たすことが求められているといえます。その安全専門性を獲得できる研修および養成システムを整備し、それを獲得できない教師は、教師としての基礎資格を失うこともありえると考えるべきでしょう。
　ところで、上記「指導死」訴訟に関しては、そのほとんどが、体罰を含む懲戒死（学校教育法11条に示された懲戒、「叱られて」など叱責、注意、詰問等の事実上の懲戒を原因とした「自死」）に当たるものであるとみられます。大阪市立桜宮高校「体罰自殺」事件（2013年1月8日報道発覚）など体罰に起因する自死事件だけを取り上げるのではなく、叱責等の事実上の懲戒全般を、子どもの人権保障の視点から再発防止の対象として検討していく意義は十分にあると思います。
　また、教師の教育実践全体についての人権性、とくに「教育方法の人権性」など、安全配慮義務の中身の検討を行うことは現代的課題のひとつといえますが、ただし、これを「過失責任」追及を前提として問うことは、問題を狭く設定することになります。「懲戒」行為からさらに生徒指導、生活指導全般まで広げて、子どもの自死に対する過失責任の追及対象とすることは、反面、教育界においてこれまで以上に裁判対策に拍車をかけ、「教育萎縮」―別の言い方でいえば、例えば、自己防御態勢の強化の現象を加速させてしまう危険性があります。さらに指導全般を対象とした過失責任追及は、上記したように国際的な勧告にもそぐわない行為であるといわなければなりません。これは、最高裁判例に逆行することにもなります。
　「指導死」の社会問題化は、今日のように教員の大幅削減（財務省）、教員養成課程の縮小（文科省）の時代にあり、かつ、保護者クレームにおびえる学生心理も影響してか、教職への希望者の減少などが危惧される中で、教育界への適材な人材確保がさらに困難になることも危惧されます。
　そのような結果をまねくことは、本来被災者が求めてきたもの、願い、思いとも異なるのではないでしょうか。

あらためて「子どもの最善の利益」の原点に戻って、遺族、被害者の思い、訴えを受けとめ直していく努力、とくに重大事故の事後対応を含む再発防止のあり方の再検討が求められていると思います。

＜安全憲章づくり・安全研修の充実＞

以上のような問題状況をふまえて、従来から文科省が進めてきました、いわゆる「安全教育」資料の普及啓発にとどまらず、重大事故の原因分析などに基づく教育活動全体の「安全性」の確保、教師の教育専門的な安全の自覚をうながす取り組みが、改めて求められています。かつて、学校事故裁判の和解条件として、被災者・遺族の提案により「安全教育憲章」作りを進めた地域（1980（昭和55）年4月、東京高裁和解、横須賀市「サッカーゴールポスト死亡事故」）もありました。

上記のような「体罰自死」問題以外に、柔道事故などスポーツ系の部活動、体育時における、人間の生理や意識の限界を無視した、非科学的指導から発生した重大事故、死亡事故については、教師の安全研修活動が必須といえます。例えば、

① 体力を消耗しきった練習は、注意力が散漫し怪我への確立が高くなり、技術の向上効果は少ない筈です。
② スポーツ一般の「危険内在」論ではなく、人権としてのスポーツ教育の安全原則をふまえて、次のような安全をはかる取り組みが必要です。すなわち、今日の学校事故における最先端の課題である、熱中症・脳震盪（セカンドインパクト）・脳脊髄液減少症などは、各スポーツの指導者（教師・顧問）に限らず、学校管理者・競技者（児童・生徒）三者の共通認識とすることが必要です。

こうした安全研修の必要性については、平成19（2007）年5月に、『「学校安全指針」モデル案の提案』をした日本教育法学会でも言及されており、安全学習指針、体育授業安全指針、運動部活動安全指針などを公表し、共通に示しています。また、さらには教育安全指針づくりの努力を、当該スポーツ競技団体にも進めて、これを宣言してゆくことをサポートしていくことが大切な時期に来ています。

2　学校の重大事故の事後対応としての第三者調査委員会の制度化について
＜ポスト大津＝第三者調査委員会の新展開＞

大津市における中学生「いじめ自死」事件（2012年7月問題発覚）を契機として、学校の重大事故の事後対応について、その改善をはかる動きが始まりました。

一つは被害者・遺族に対する対応の改善です。2013（平成25）年6月21日に成立した「いじめの防止等のための対策の推進に関する法律」（以下「いじめ対策法」という）では、学校設置者に対して被害者・遺族への情報提供義務を課しました。その後に、文科大臣が定めた「いじめの防止等のための基本的な方針」（以下「基本方針」という）や、付属文書「学校における『いじめの防止』『早期発見』『いじめに対する措置』のポイント」（以下「ポイント」という）では、被害者・遺族への説明責任を果たすこと、遺族の気持ちに寄り添い、調査に際してその意向を尊重することなど事後対応の改善がうたわれました。

もう一つは、学校事故・事件に対する事実解明、原因究明に関する調査方法等の改善です。

1、で述べました提案は、一言で言えば「裁判に頼らない事後対応」への方向性を示したものです。その具体的なあり方として、裁判による解決以外の解決手段として「第三者調査委員会」による調査制度が注目され、その効果が有効であると認識されてきています。

ただし、従前の「第三者調査委員会」は、教育委員会にとっては、「幕引き」的な調査に終始してきた感を否めず、学校・教育委員会の利害当事者以外の「第三者」による調査をもって終結をはかったとみられる側面があります。被害者・遺族側は、この手法に納得できない（委員名、委員会審議の非公開

など）と評価するなど、制度としての未熟性は明らかでした。
　これに対して、大津市の第三者調査委員会では、教育委員会調査結果の検証、被害者・遺族への聴き取りと寄り添い、独自の客観的調査（弁護士グループを軸に）の実施、学校・教職員支援的な政策提言など、新しい方向性を示してきました。
　これを契機としまして、裁判による解決以外の、第三者調査委員会を軸とした事実解明、原因究明と再発防止（事後対応の改善を含めて）の提言の方法の模索が開始されました。

＜子どもオンブズパーソン＝第三者権利擁護機関との連携＞
　裁判所によらない非司法的な立場からの調査権をもつ相談・救済機関としては、子どもに寄り添い、子どもを代弁する第三者機関「子どもオンブズパーソン」制度（以下「子どもオンブズ」という）があります。その出発は、1998年12月に制定された川西市「子どもの人権オンブズパーソン条例」に依拠した第三者相談救済機関です。子どもオンブズは、子どもが安心して相談でき、当事者間では解決できない問題の調整、中立で公平な調査（＝第三者的調査といってよいと思います）、そして結果をふまえての勧告・是正要請、意見表明、その結果についての公表の機能も持っています。現在、子どもオンブズの仕組みを持つ自治体は、川西市をはじめ23自治体（準備段階の自治体は4）になりました。このオンブズ制度は、裁判によらない調査、救済機関として被災者・遺族にとっても大いに期待されてきたといえます。今後の拡充が望まれると共に、その経験を各地の第三者調査委員会委員のレベルアップに貢献してほしいと考えます。

＜第三者調査委員会のあり方＞
　子どもオンブズの制度は、とくに第三者調査委員会のあり方を考えていく上で示唆的です。
　とくに、子どもに寄り添い、子どもを代弁する第三者救済機関として、調査権を行使するところは、第三者調査委員会の今後の方向性として学んでおくべきであると思います。
　わたしたちは、平成23（2011）年6月1日に出された文科省通知「児童生徒の自殺等に関する実態調査について」および、前述した「いじめ対策法」「基本方針」「ポイント」などをふまえつつ、以下の原則で、学校の重大事故に対する事後対応の基幹的な制度として、以下のとおり、第三者調査委員会の法制化に取り組んでいただくことを強く望みます。

1　目的
　　　委員会は、子どもの最善の利益の保障を基本目的とすること
　　　（子どもの最善の利益の保障と被害者・遺族の利益の保障とは、イコールではないことに留意すべきです。）
2　被災者・遺族との関係
　　　委員会は、被災者・遺族への情報提供、意見・希望の聴取、寄り添いなどを重視すること
3　機関の性格
　　　1，2の目的・被災者との関係を前提として、事実の解明、原因の究明、事後対応の改善を含む再発防止への提言などを行う第三者調査機関であること
4　第三者性と学校支援の理念
　　　当該機関の第三者性としては、①公平・中立性（客観性）、②独立性、③専門性などを備えるべきであること
　　　とくに調査委員会が独立性を確保していくためには、主に調査対象となる学校、教職員の活動と

これを総括する教育委員会との適切な関係を維持していくことが必要である。委員会の設置条例によって協力を求めたとしても、学校現場からは「外圧」的にとらえられてしまう可能性があります。そこでは、第三者委員会が、学校・教育委員会の限界に対する制度的なバックアップの仕組みであること、そのような学校支援（子ども支援、教職員支援）の考え方を重視すること

5 委員の選考

　4の第三者性をもつ委員の選考に関しては、可能なかぎり公開性、客観性を重視すること
　委員会の設置は、幾多の裁判例（文末、＊注参照）において、条例による設置が義務付けられており、委員の選考方法などは、上記の第三者性（①～③）に依拠して条例で規定しておくことが望ましい。

6 事後対応の改善を含む再発防止の提言

　再発防止の提言にあたっては、学校事故の再発を防止する諸施策のほか、事故後の被害者・遺族の相談・救済、当該学校の生徒、保護者等のケア、教職員への支援など事後対応についての検証を前提とした改善提言（＊）を含むこと

　　＊たとえば、2014年6月30日提出、足利市中学生就労死亡事故の係わる第三者調査委員会報告書では、「第4部」の「再発防止の提言」の中に、「第3章　重大事故に関する事後対応、調査活動の改善に関する提言」が含まれています。足利市第三者調査委員会報告書を読む会編『検証：足利：中学生の就労死亡事件―第三者調査委員会がめざしたもの』2015年9月発行など、参照）

7 提言に関する実効性の確保

　委員会は、再発防止の提言に際しては、その実効性を確保できるように提言後の実施に係る仕組みについても言及すること

8 委員会の条例設置と貴会議への期待

　「第三者調査委員会」は、委員報酬などの関係で、行政規則による「設置要項」などでの設置は違法であるとする判例が定着（＊）したため、議会主導の条例による設置方式が一般化してきています。

　貴会議におかれましては、学校の重大事故に関する事後対応として、上記のとおり、事実解明、原因究明と再発防止の提言機能を有する「第三者調査委員会」の制度化について、各地における設置条例の推進を図るとともに、その県レベル、国レベルでの法制化の道を切り開いていただくことをお願い申し上げるしだいです。

　　＊当該裁判例は、次のとおり少なくとも7件ある。①さいたま地判平成14.1.30（LLI・DB）、②福岡地判平成14.9.24、③福岡地判平成14.9.24（上記と別事案）、④岡山地裁平成20.10.30、⑤広島高裁平成21.6.4（上記と同一事件）、⑥横浜地判平成23.3.23、⑦東京高判平成23.9.15。いずれも委員会の要綱・規則設置は違法との判断である。

基本資料3

学校安全全国ネットワークってどんな団体？

浅見　洋子

　学校安全全国ネットワーク（通称：学校安全ネット）は、子どもの最善の利益の見地から、学校管理下の子どもの事故防止・学校安全の促進及び学校災害被災者の幅広い支援を目指し活動することを目的（規約第2条）として、一年間の準備期間を経て、2013年6月8日の設立集会を持って正式に発足しました。

　運営責任者は、下記の5名です（2016年6月現在）。

代　表：	喜多　明人	（早稲田大学教授）	
副代表：	原田　敬三	（弁護士）	
	細川　潔	（弁護士）	
	堀井　雅道	（国士舘大学准教授）	
事務局長：	浅見　洋子	（ヒーリングカウンセラー・詩人）	

　学校安全ネットの活動の第一としまして、電話相談があります。この活動は会の設立と同時に毎週木曜日午前11時〜17時まで行っています。社会のニーズに応え、会設立から4か月後（同年10月）ホームページを立ち上げ、メール相談窓口を開設し、メールによる相談も始めました。

　学校安全ネットでは、設立総会時に第1回公開学習会を実施し、年4回公開学習会を開催しています。学習会内容を当会会員が要約し、『季刊教育法』の学校安全コーナー「子どもが安心して学ぶ権利の保障のために」に連載しています。また、学校安全ネット通信は年4回を目標として発行しています。通信№2から「学校安全ネットがお薦めする　この一冊！」を企画しました。2015年11月18日発行の通信№8からは会員弁護士に執筆を依頼し、順次教育関係者等の皆さまに執筆依頼をしていきたいと思っています。

　大切な活動として、他団体との交流があります。他団体が企画した講演会や学習会に参加し、学校事故・事件への被災者家族の現状や提言等を学びます。また、当会では、「日本外来小児科学会年次集会」の患者家族会・支援者の会展示に参加し、熱中症・セカンドインパクト・脳脊髄液減少症などへの配慮を訴えると同時に、当会への医療従事者の理解と参加を呼びかけさせていただいています。学校安全ネットの会員には、各界の専門職の方々の参加が有り、この特質を活用して、個人的には、将来、裁判に頼らない解決として調停的役割を担えるコーディネーターとしての第三者的機関になれることを目指したいとも思っています。（なお詳しくは、ホームページ：gakouanzen-network.com/　参照）

　以下は、安全ネットの規約です。

参考資料

「学校安全全国ネットワーク」規約

第1条　名称および事務所

　この組織は学校安全全国ネットワーク（略称学校安全ネット）と称し、事務所を東京に置きます。

第2条　目的

　学校安全ネットは、子どもの最善の利益の立場から、①学校における事故・事件・災害を未然に防ぐための活動、防止策の提言など、および②被災した子ども・その家族が安心して相談できる環境を整え、相談活動をはじめ総合的な支援活動に努めるなど、学校安全の普及とその質の向上をめざします。

第3条　事業

学校安全ネットは、以下の事業に取組みます。
① 　学校安全相談救済事業
　　A　学校管理下などで被災した子ども・その家族が安心して相談できる環境を整えるなど総合的な支援活動に努めます。
　　B　被災した子ども・その家族のために、救済み向けた支援活動を行います。
② 　学校安全普及事業
　　学校安全に関する普及啓発活動の促進のため、学校安全についてのイベント・シンポジウム・研究会などの活動を開催し、また学校安全に関する出版物の刊行、普及に努めます。
③ 　学校安全提言事業
　　学校安全および被災者救済のために、制度改善などの提言事業に取組む努力をします。

第4条　会員

　学校安全ネットは、個人の会員（正会員）によって構成します。
　学校安全ネットへの経済的な支援その他の応援のために、賛助会員をおきます。賛助会員は、学校安全ネットに賛同する個人・団体によって構成されますが、議決権をもちません。会費納入をもって入会とし、会費未納または申し出をもって退会とします。

第5条　組織

　学校安全ネットには、以下の組織を置きます。
　総会　総会は、正式会員をもって組織し、学校安全ネットの最終的な意思を決定します。
　運営委員会　運営委員会は、代表、副代表、事務局長その他の運営委員若干名（会計を含む）など、正会員によって選出された運営委員および監事をもって組織し、学校安全ネットの日常の運営活動を掌ります。
　事務局　運営委員会の下に、事務局を置きます。事務局は、事務局長、事務局担当運営委員その他を持って組織し、日常の執行を掌ります。

第6条　財政

1．財政は、会費、賛助会費、寄付金でまかなわれます。
2．年会費は、会員3,000円、賛助会員5,000円とします。

第7条　規約の改正

　この規約は、総会で改正することができます。

第8条　細則

　その他の事項については、運営委員会で、本規約に則った細則で定めます。

あとがき

　本書は、学校安全全国ネットワーク（以下、学校安全ネットという）が、2013年6月8日設立以来、開催してきた公開学習会の講演記録をベースとしてまとめられました。公開学習会の講演一覧は174頁のとおりです。講演いただいた講師のご了解とご支援を得まして本書に収録させていただきました。ここに、あらためて感謝申し上げます。

　学校安全ネットは、これまで年4回ペースで3年間12回にわたる学習会を重ねています（その記録は、『季刊教育法』エイデル研究所の「学校安全コーナー」で連載中です。合わせて参照ください）。とくに2013年度〜2014年度を中心として、学校安全ネットの"基本姿勢となる書物"を社会的に発信すべく、2015年度の事業として本書の企画（担当喜多）が立てられました。当初は、ブックレットとして刊行する計画でしたが、エイデル研究所企画事業部の熊谷耕さん、村上拓郎さんから一般刊行物にしてはどうか、との提案があり、その厚意に甘えて、学校安全普及書としてエイデル研究所から出版する運びとなりました。企画事業部、編集部のみなさん、本書の講演テープ起こし等の編集実務を担当していただいた木村伸子さん、坂本珠恵さん、勝野有美さんにお礼申し上げます。

　なお、はしがきで述べましたような『みんなの学校安全』の刊行趣旨から、本書として欠かせない論稿として、第8回（2015年3月）の竹村睦子さんの原稿、第12回（2016年3月）の成田幸子さんの原稿を追加収録させていただきました。
　とくに成田幸子さんの原稿（第1部の1）は、学校災害被害者家族、保護者の立場から、二度と不幸な事態にならないようにしていくために、被害者はど

うすべきか、その思いを率直に語っていただくとともに、成田さんご夫妻が進めてこられた「子どものいのちと人権を守る」活動を通して学校現場や教育委員会と連携していく動きについても述べていただきました。成田さんがわが子を失った柔道部熱中症死亡事故については、相当の年月がたち、ケースとしては古い事件ですが、今日のように当該教師、学校現場、教育委員会に対する責任追及に終始しがちな「学校安全運動」に対して、一石を投じるものと考えております。成田さんに講演をお願いした 2016 年 3 月の公開学習会では、裁判を通して当該教師の過失を争いつつ、当該教師の個人的な過失賠償責任を争わなかったことの意味が話し合われました。成田さんご夫妻としては、そのことについては詳細を書く気になりません、というお返事でした。

　第 2 部の 3 で解説されているように、教師の個人的賠償責任を追及することは、教育活動の萎縮を避けようとしてきた国際教育条理に反しますし最高裁判例としても認めていません。無過失責任主義を掲げた学校災害補償法要綱案について教育法学会も 1977 年に提案してきました。しかし、当初から「無過失責任」「無過失賠償責任」については、法制度としては理解できても、被害者家族の思いとしては納得できない、という気持ちであったと思います。そんな被害者家族、遺族の思いを受け止めつつ、みんなの学校安全を守っていくためには、あらためて「無過失責任」の制度原理を検討していくことも重要ではないか、と考えています。

喜多明人

別表　学校安全全国ネットワーク主催：公開学習会講演一覧

2013年6月8日	第1回公開学習会	佐藤剛彦さん「開かれた学校づくりと学校安全」 鈴木裕子さん「保健室から見た学校安全」
2013年9月6日	第2回公開学習会	小館映子さん「学校事務職員と学校安全」
2013年12月6日	第3回公開学習会	久山みちるさん 「スクールカウンセラーの立場から見た学校現場」
2014年3月15日	第4回公開学習会	櫻井光政さん「本当に要らないの？ 教育委員会」
2014年6月21日	第5回公開学習会	川上一恵さん「健康面からみた学校安全」 堀井雅道さん 「大川小学校事故・検証報告書と学校防災の課題」
2014年10月17日	第6回公開学習会	島薗佐紀さん 「足利市中学生の就労死亡事件　調査報告書から」
2014年12月12日	第7回公開学習会	「日和幼稚園 東日本大震災時の被災事故裁判」 村元宏行さん「判決文を読んで」 佐藤美香さん「事故裁判原告から」
2015年3月6日	第8回公開学習会	竹村睦子さん 「学校安全とスクールソーシャルワーカーの仕事」
2015年6月13日	第9回公開学習会	パネルディスカッション 　～学校安全のこれからを考える～ ① 佐藤剛彦―元世田谷小学校校長 ② 山田恵子―スクールソーシャルワーカー ③ 山中龍宏―小児科医
2015年10月12日	第10回公開学習会	山下英三郎さん 「学校における教師とスクールソーシャルワーカーの協働を考える」
2015年12月20日	第11回公開学習会	山中龍宏さん 「学校の重大事故・事件の事後対応のありかた ―有識者会議の議論をふまえて」
2015年3月25日	第12回公開学習会	成田幸子さん 「子どものいのちと人権を守る会の活動から」

編著者紹介●

喜多明人（きた・あきと）
学校安全全国ネットワーク代表、早稲田大学教授、日本教育法学会学校事故問題研究特別委員会 元委員長
『学校安全ハンドブック』草土文化（共著）

浅見洋子（あさみ・ようこ）
学校安全全国ネットワーク事務局長、ヒーリングカウンセラー、詩人

執筆者紹介● （執筆順）

成田幸子（なりた・さちこ）
福島県柔道部熱中症事故 遺族、「子どもの命と人権を守る福島の会」

竹村睦子（たけむら・むつこ）
たけむら社会福祉士事務所・子ども・若者応援団 代表理事、スクールソーシャルワーカー

鈴木裕子（すずき・ゆうこ）
国士舘大学准教授、元 公立学校養護教諭

久山みちる（くやま・みちる）
中学・高校スクールカウンセラー、臨床心理士

小舘映子（こだて・えいこ）
元 公立学校事務職員

川上一恵（かわかみ・かずえ）
かずえキッズクリニック 院長、公立小学校校医

佐藤剛彦（さとう・たけひこ）
稲城市教育相談室 及び 特別支援教育相談室室長、元 世田谷区立烏山北小学校校長

櫻井光政（さくらい・みつまさ）
元 大田区教育委員会委員長、弁護士

堀井雅道（ほりい・まさみち）
学校安全全国ネットワーク副代表、国士舘大学准教授、日本教育法学会・学校安全と子どもの人権に関する研究特別委員会幹事
『学校安全ハンドブック』草土文化（共著）

みんなの学校安全
いのちを大事にする社会へ

2016 年 7 月 21 日　初刷発行

編　著■喜多　明人／浅見　洋子
発行者■大塚　智孝
発行所■株式会社 エイデル研究所
　　　　〒 102-0073　東京都千代田区九段北 4-1-9
　　　　TEL.03-3234-4641／FAX.03-3234-4644

装丁デザイン■山城　由（surmometer inc.）
装丁イラスト■平井　利和
本文 DTP ■大倉　充博
印刷・製本■中央精版印刷株式会社

Ⓒ Kita Akito / Asami Youko 2016
Printed in Japan　ISBN978-4-87168-585-6　C3037
（定価はカバーに表示してあります）